CB130346

LÍDER TÁTICO

COMO GARANTIR A EXECUÇÃO DA ESTRATÉGIA E O QUE FAZER QUANDO A EMPRESA AINDA NÃO SABE PARA ONDE IR

LÍDER TÁTICO

COMO GARANTIR A EXECUÇÃO DA ESTRATÉGIA E O QUE FAZER QUANDO A EMPRESA AINDA NÃO SABE PARA ONDE IR

Wellington Moreira

Prefácio de
Pedro Mandelli

QUALITYMARK

Copyright© 2015 by Wellington Moreira

Todos os direitos desta edição reservados à Qualitymark Editora Ltda.
É proibida a duplicação ou reprodução deste volume, ou parte do mesmo, sob qualquer meio, sem autorização expressa da Editora.

Direção Editorial	Produção Editorial
SAIDUL RAHMAN MAHOMED editor@qualitymark.com.br	**EQUIPE QUALITYMARK**

Capa	Editoração Eletrônica
EDUARDO BIBIANO	**PS DESIGNER**

Foto da capa
ANA LUISA VAZZI

CIP-Brasil. Catalogação-na-fonte
Sindicato Nacional dos Editores de Livros, RJ

M836L

Moreira, Wellington
Líder tático : como garantir a execução da estratégia e o que fazer quando a empresa ainda não sabe para onde ir / Wellington Moreira. – 1. ed. – Rio de Janeiro : Qualitymark Editora, 2015.
152 p. : il. ; 21 cm.

Inclui bibliografia
ISBN 978-85-414-0192-0

1. Gerentes. 2. Desenvolvimento organizacional. 3. Liderança. I. Título.

15-22196

CDD: 658.403
CDU: 005.53

2015
IMPRESSO NO BRASIL

Qualitymark Editora Ltda. Rua Teixeira Júnior, 441 – São Cristóvão 20921-405 – Rio de Janeiro – RJ Tel.: (21) 3295-9800	QualityPhone: 0800-0263311 www.qualitymark.com.br E-mail: quality@qualitymark.com.br Fax: (21) 3295-9824

Dedico esta obra à minha esposa Alessandra e ao meu filho Pietro, que são a fonte de inspiração em tudo o que faço e meu maior motivo para prosseguir, bem como aos meus pais Hélio e Elsa, que não mediram esforços para que eu me tornasse um homem apaixonado pelos livros a ponto de me aventurar a escrever alguns deles.

E a você, leitor, por investir seu tempo em um tema de suma importância para todas as organizações e líderes que aspiram e ajudam a criar um mundo melhor.

Agradecimentos

"O valor das coisas não está no tempo que elas duram,
mas na intensidade com que acontecem.

Por isso, existem momentos inesquecíveis,
coisas inexplicáveis e pessoas incomparáveis."

Fernando Pessoa

Quem escreve um livro tem uma dívida de gratidão com várias pessoas que o ajudam no processo de pesquisa, propõem ideias com o objetivo de enriquecer o texto, revisam os manuscritos, cuidam da edição da obra para torná-la atrativa aos olhos do leitor ou se empenham em publicá-la. Esta obra não fugiu à regra: é resultado de um esforço cooperativo e interativo.

Sou profundamente agradecido a Saidul Rahman Mahomed, editor da Qualitymark, pela parceria que temos desde a publicação de *O Gerente Intermediário* em 2010 e por acreditar neste novo projeto desde a sua concepção. Alguém que aprendi a admirar e a respeitar ao longo desses anos de convivência.

À minha assistente e relações públicas Vanessa Prado, que dedicou seu precioso tempo às pesquisas que deram origem ao livro enquanto ele ainda era apenas um amontoado de ideias desconectadas e também me ajudou a colocar no papel boa parte dos argumentos que discutimos e amadurecemos durante os doze meses de trabalho investidos até a materialização do presente trabalho.

Aos consultores Flávio Moura e Carlos Eduardo Moreira, sócios na Caput Consultoria, que me fizeram perceber algumas das lacunas existentes nos manuscritos originais, levantaram importantes questionamentos sobre os assuntos mais espinhosos e ainda ajudaram a consolidar uma sequência lógica para os capítulos, melhorando a experiência do leitor.

Àqueles que se dedicaram ao minucioso trabalho de revisão do texto. Em especial, ao professor Aluysio Fávaro, ao jornalista Vinícius Bersi e ao meu pai, Hélio Costa Moreira, que conseguiram detectar preciosas oportunidades de melhoria no manuscrito inicial. Além, é claro, do amigo Pedro Mandelli, que me brindou com o belíssimo prefácio escrito especialmente para *Líder Tático*.

Também sou muito grato a todos os clientes que confiaram suas empresas e equipes de trabalho à Caput Consultoria nos últimos quinze anos. Faço uma menção especial a Erika Bittencourt e a Bruna Pires, da Companhia Siderúrgica Nacional, e a Asshaias Felippe, da Solintel, que me proporcionaram vários *highlights* durante os últimos anos, enquanto desenvolvíamos importantes programas de capacitação da liderança tática em suas organizações.

Por fim, agradeço a Deus, pois é Ele que sempre me concedeu forças para essa e todas as demais conquistas que alcancei ao longo da minha breve história de vida.

O Autor

Palestrante e consultor empresarial com grande experiência nas áreas de Formação de Novos Líderes, Desenvolvimento Gerencial e Gestão Estratégica, **Wellington Moreira** também é professor universitário em cursos de pós-graduação e conferencista em grandes eventos nacionais.

Mestre em Administração de Empresas (UEL), tem MBA em Gestão Estratégica de Pessoas (ISAE-FGV) e é especialista em Comunicação Empresarial (UEL). Membro do IBCO (Instituto Brasileiro de Consultores Organizacionais), o consultor é colunista de jornais e portais da internet e autor dos livros *O Gerente Intermediário* (Qualitymark Editora) e *Dicas práticas:* curriculum *e entrevista* (Ed. Saber).

Diretor-executivo da Caput Consultoria, há mais de quinze anos atende projetos voltados à orientação estratégica, melhoria da performance organizacional e desenvolvimento de líderes em empresas de médio e grande porte de todo o país, como Companhia Siderúrgica Nacional, Grupo Plaenge, Bemis Company, Correios, Café Iguaçu, Sonhart, OnixSat, Peróxidos do Brasil, Unimed, Uniodonto, Atlas Schindler e Yazaki.

Reside em Londrina – PR.

Prefácio

Muitas empresas, vistas como negócios que precisam prosperar em ambientes globais competitivos, expõem uma grande lacuna que é a formação da liderança da base e do centro da pirâmide organizacional.

Este espaço vazio apareceu fortemente depois que as companhias achataram seus níveis hierárquicos e atribuíram – de forma intencional ou não – um papel diferente àqueles que fazem as coisas saírem do papel. Ao mesmo tempo, nos últimos anos as escolas de negócios passaram a se dedicar quase que de forma exclusiva aos temas afeitos à alta gestão.

Faltou literatura e formação densa para os líderes que transitam entre os operadores e a diretoria, e a ausência de reflexão sobre a importância da liderança tática resultou em um grande número de supervisores, coordenadores e gerentes que assumem a função de operadores em suas organizações.

Com o intuito de colocar um recheio essencial neste espaço, o conteúdo de *Líder Tático* traz à tona a real relevância do tema em um contexto de grande competição. Sem a pretensão de ser um manual, o autor lança luz sobre o que funciona e o que não dá certo para quem pratica a liderança tática e reflete a forma de atuação de Wellington Moreira, um profissional pragmático e com a vida organizacional fundamentada para a obra.

Produto da formação e da experiência do autor, *Líder Tático* se destina aos seguintes públicos:

- todos os gestores de qualquer área ou especialidade que têm sobre seus ombros a missão de “executar” a empresa;

- quem busca uma carreira sólida, sem o uso do método de tentativa e erro, e que se recusa a transferir a outras pessoas ou entidades a responsabilidade sobre o seu próprio desenvolvimento;
- gestores estratégicos que querem entender o papel dos líderes táticos, para exigir de gerentes, coordenadores e supervisores o que de fato lhes compete;
- todos os programas de ensino que visam não só ministrar disciplinas de estudos, mas contribuir de forma eficaz para a formação de profissionais capazes de alavancar os resultados da operação.

Enfim, uma obra escrita por um profissional obstinadamente dedicado ao nível tático e operacional das organizações, e apoiado em sua própria experiência e compromisso pessoal.

Não é um livro para ser lido, mas sim para ser estudado, customizado e usado. Esse é o meu convite aos leitores.

Pedro Mandelli, *da Mandelli & Loriggio e Associados e da Mandelli Consulting Inc, professor de liderança, performance humana nas organizações e gestão de mudanças pela Fundação Dom Cabral. Autor de livros e artigos nas suas disciplinas.*

Sumário

Introdução

"Muitas pessoas consideram a tarefa executiva um detalhe que está abaixo da sua dignidade como líder de uma empresa ou negócio. Isso está errado. É justamente o oposto: é a atividade mais importante de um líder". São exatamente essas palavras que Ram Charan e Larry Bossidy utilizam no primeiro parágrafo do livro *Execução* (Editora Campus), um dos principais best-sellers na literatura de gestão dos últimos quinze anos.

Colocar a mão na massa não é uma atitude que orgulha os executivos brasileiros. Apreciamos as discussões filosóficas que envolvem a alta gestão e tendemos a considerar como relevante apenas aquilo que cerca os objetivos de longo prazo ou as iniciativas de alta alavancagem, ao passo que resolver problemas de curto prazo ou de menor magnitude parece ser o tipo de chateação que só alguém menos graduado deve enfrentar.

Em um momento em que o papel estratégico é defendido com tanto entusiasmo no meio acadêmico e no mundo corporativo e a atuação tática é vista como um *mal necessário* nas organizações, é preciso ter coragem e argumentos sólidos para discutir a sua importância na perspectiva apresentada em *Líder Tático.*

Muitas pessoas que relegam o papel tático a um plano secundário esquecem que, diante de um contexto macroeconômico no qual a incerteza é a regra, os cenários mais prováveis têm tudo para não se materializar, portanto, mudar os rumos no meio do caminho faz parte do jogo. É primordial saber manobrar com rapidez, executar com primazia e manter o bom senso; competências que fazem parte da essência da atuação tática.

Recordo-me que, há alguns anos, qualquer executivo de empresa multinacional ficava extremamente eufórico quando era convidado para dirigir os negócios da companhia no Brasil. Não havia dúvidas de que o conselho de administração escolhera testá-lo e, se fosse bem-sucedido na empreitada, estaria credenciado para conduzir a empresa no mundo inteiro. Tais profissionais não vinham para o Brasil com o objetivo de colocarem em prática a capacidade estratégica adquirida em um prestigioso curso de MBA. A missão era mostrar competência tática em um país em que a economia sofria ajustes a todo momento, a unidade local geralmente não era preparada para enfrentar uma competição acirrada e as práticas de gestão pareciam "piada de mau gosto" quando comparadas àquilo que era praticado há muito tempo na Europa e nos Estados Unidos.

Contudo, *Líder Tático* não é uma obra escrita especialmente para quem ocupa uma posição estratégica e tem de descer do pedestal para garantir a execução das boas iniciativas organizacionais. O livro tem o propósito de demonstrar a todo e qualquer gestor como conduzir pessoas, equipes e empresas em um mundo que exige rápidas transformações.

Nos últimos quinze anos estive à frente de muitos projetos voltados à capacitação da média gerência em empresas de diferentes segmentos e tive a oportunidade de acompanhar, de perto, a grande mudança do papel tático nas organizações, especialmente naquelas que praticam um modelo de gestão mais flexível e convidativo ao engajamento das pessoas. É essa experiência que pretendo compartilhar com você ao longo das próximas páginas.

No capítulo 1 – "Muitas empresas têm líderes, poucas têm liderança" – procuro abordar a diferença entre o modelo de gestão de pessoas proposto para a atualidade e aquele que as companhias devem abandonar. E, especialmente, escrevo sobre a diferença entre líder e liderança, dois conceitos que muitas pessoas enxergam como sinônimos, apesar de guardarem diferenças cruciais.

O capítulo 2 – "O que é liderança tática?" – é aquele que reservei para explicar como a tática se distingue da estratégia, apresentar exemplos de como se configura a atuação tática nas empresas e discutir até que ponto a eficácia de curto prazo depende de uma orientação de longo prazo. Aproveito também para explicar por que líderes táticos não são apenas aqueles que ocupam posições formais de média gerência.

Já o capítulo 3 – "A atuação tática nos diferentes modelos de gestão" – foi reservado para discutir como se configura o trabalho dos líderes táticos em uma empresa de estrutura tradicional e de que forma ele é exercido pelos gestores que atuam em uma companhia que escolhe adotar uma cultura organizacional flexível e moderna.

Em "A dimensão tática da média gerência" (capítulo 4) volto a abordar algumas especificidades do trabalho tático nas empresas de estrutura piramidal clássica, modelo adotado pela maioria das companhias brasileiras.

O capítulo 5 – "Papéis-chave na gestão de uma equipe de trabalho" – é aquele no qual procuro demonstrar porque todo gestor tático precisa atuar como líder, administrador e *coach*, dando exemplos de boas práticas adotadas por quem é competente no desempenho de cada um desses papéis.

Muitas vezes a intervenção tática precisa atingir os colaboradores de modo específico e individual. Por esse motivo, no capítulo 6 – "Liderando cada subordinado" – resgato a teoria da Liderança Situacional dentro da ótica de quem precisa obter um melhor desempenho das pessoas enquanto a empresa se transforma.

O capítulo 7 – "Como influenciar outros líderes táticos" – é aquele no qual abordo um assunto tabu nas empresas: a inveja. Muitos gestores não conseguem dar conta de suas atribuições nem dos projetos que caem em suas mãos porque atraem sentimentos danosos das pessoas que mais poderiam ajudá-los.

Quando você chegar ao capítulo 8 – "A relação com o nível estratégico" – compreenderá porque líderes táticos só se tornam realmente eficazes quando se alinham com o alto *staff*, conseguem ser reconhecidos como confiáveis e conquistam autonomia para tomar as decisões que consideram importantes.

No capítulo 9 – "A capacitação de líderes táticos" – procuro apresentar os eixos de competência e as habilidades específicas que todo gestor precisa ter para se tornar um líder que sabe lidar com mudanças e superar desafios crescentes no trabalho.

Por fim, reservei o capítulo 10 – "Diretrizes para um programa interno de formação" – para relembrar os cuidados que as pessoas que criam ou dirigem o desenvolvimento dos líderes táticos devem ter na hora de implantar um programa dessa natureza na companhia.

Se você tiver dúvidas ou sugestões sobre os assuntos discutidos em *Líder Tático*, entre em contato comigo. Será um prazer imenso trocar boas ideias e saber como você percebe a atuação dos líderes no seu trabalho.

Boa leitura!

Wellington Moreira
Londrina – PR, março de 2015.

(43) 3029-5000
welllington@caputconsultoria.com.br
www.caputconsultoria.com.br
www.wellingtonmoreira.com.br

Capítulo 1

Muitas empresas têm líderes, poucas têm liderança

É inegável que os líderes são cada vez mais importantes nas organizações e as personificam. Segundo uma pesquisa conduzida pela Universidade de Michigan (EUA), 80% dos profissionais veem sua empresa e a pessoa que os lidera da mesma forma. Isto é, geralmente quando afirmam que a companhia é um bom lugar para trabalhar, também costumam elogiar seu líder. E o raciocínio contrário é igualmente verdadeiro: se a relação com o líder não é das melhores, também passam a considerar a empresa com reservas.

As pessoas convivem com os seus líderes – especialmente os diretos – e não com a empresa onde trabalham. É por isso que o clima organizacional de um departamento espelha as características de quem o conduz. Se o líder é calado e formal, a equipe também costuma ser. Em contrapartida, se ele é expansivo e brincalhão, também é quase certo que as pessoas trabalhem sorridentes e se sintam com liberdade para até mesmo brincarem umas com as outras de vez em quando.

Contudo, modelar o comportamento das pessoas é apenas uma das atribuições de quem lidera. Não podemos esquecer que as duas principais missões de um líder são: conduzir a companhia em direção aos resultados que ela precisa alcançar para crescer – ou perenizar-se – e capacitar as pessoas que estarão à frente dela no futuro.

O que é Liderança?

Pense na seguinte situação: você recebeu a incumbência de subir uma alta montanha e deve chegar ao topo dela com os vinte liderados que caminham ao seu lado. O problema é que boa parte dessas pessoas não está nada motivada com a tarefa de "subir montanhas".

Liderança tem a ver com a sua capacidade de reverter a indisposição que alguns já declararam de antemão, tornar o desafio inspirador para todo o time – inclusive para aqueles que se mostravam indiferentes – e ainda conseguir orientá-los durante a subida, de tal forma que cheguem ao topo e retornem com segurança até a base da montanha certo tempo depois.

Você só sabe que exerce uma influência positiva sobre as pessoas e, por conseguinte, torna-se um grande líder ao constatar que elas cumprem as suas recomendações, ainda que individualmente não concordem com as escolhas que fez. Quando, apesar da baixa motivação pessoal que apresentam no início da caminhada rumo ao objetivo, seguem com você até a linha de chegada porque não querem decepcioná-lo.

Reflita comigo: se os seus liderados sempre concordam com aquilo que você diz, endossam todas as decisões que tem tomado nos últimos tempos e dificilmente resistem às mudanças que propõe implantar, isso significa que você está à frente de um time espetacular, é um gestor muito habilidoso ou – quem sabe? – vem se contentando com resultados medíocres; afinal, os liderados geralmente resistem a fazer grandes coisas que os desacomodam.

Liderar é o exercício rotineiro de desacomodar as pessoas que estão ao seu redor com o intuito de fazê-las superar as crenças acerca de si mesmas. Se você não está disposto a enfrentar a insatisfação daqueles que não conseguem perceber os benefícios da mudança no curto prazo, então é difícil acreditar que poderá impactar, verdadeiramente, aqueles que estão ao seu redor.

É raro encontrarmos sucessos continuados em líderes que se satisfazem demais com as pequenas vitórias e não se motivam a buscar novos objetivos. Grandes homens e mulheres se mantêm desassossegados, lutam contra o *status quo* e conservam a sensação de que ainda têm muito a fazer.

Aliás, quando Steve Jobs apresentou o Macintosh a uma plateia atônita, em 24 de janeiro de 1984, primeiro computador com interface gráfica e mouse, foi realmente isto que ele disse ao seu pessoal no início do discurso: "Ainda temos muito a fazer". E fizeram, sem dúvida, mesmo que a promessa tenha sido concretizada apenas após o seu retorno para a Apple, em 1997.

O velho e o novo jeito de liderar

A geração atual de líderes divide-se entre aqueles que ainda fazem uso das estratégias de controle comuns ao modelo hierárquico-militar e aqueles que escolheram o caminho de conduzir as pessoas com base em um propósito claro, inspirador e significativo.

No entanto, como identificar cada um deles? O velho jeito de liderar é caracterizado pelo uso frequente de **recompensas**, **ameaças** e **punições** por parte daquele que está no topo e se apoia na força do cargo para determinar a concessão de vantagens ou penalidades aos subordinados.

Se prestarmos atenção, essa abordagem de liderança também é parecida com a forma que muitos pais tratam seus filhos: "Se você passar de ano na escola, vou lhe dar um videogame"; "Se você não comer tudo, não terá sobremesa"; "Já que não fez o dever de casa, ficará de castigo". Esses são apenas alguns dos exemplos. Ou seja, em vez de educar – afinal, dá muito trabalho – preferem submetê-los a um sem-número de normas e suas consequências (reprimendas ou incentivos) que funcionam no curto prazo.

Nas corporações não é diferente. Muitos líderes reclamam que seus funcionários costumam perguntar "o que eu ganho com isto?" sempre que lhes é solicitado algum tipo de trabalho adicional; contudo, esquecem que eles mesmos viciaram a relação com os liderados ao recompensá-los da forma inadequada. Essas pessoas, portanto, não são mercenárias, só estão pedindo que as regras do jogo sejam mantidas.

Também é comum encontrarmos líderes organizacionais que recorrem a ameaças de toda espécie para manter o controle do grupo. Em um momento, advertem que as férias desejadas para janeiro serão postergadas para maio se determinada tarefa não for concluída pelo colaborador até o final da semana; em outro, dão a entender que uma demissão em massa não está descartada caso o grupo deixe de bater as metas. A velha história de instalar o terror do "talvez-e-muito-provavelmente".

Punir é outra saída encontrada por quem não possui argumentos suficientes para lidar com as resistências internas, costuma eximir-se da parcela de responsabilidade que lhe cabe pelo baixo engajamento das pessoas ou quer manter o grupo doutrinado. Se você trabalha em uma empresa assim, sabe: primeiro apanha e, com muita sorte, depois de algum tempo, descobre por que foi surrado. E é claro, já aprendeu: nesse lugar, o melhor *feedback* é não receber *feedback*.

No curto prazo, liderar ancorado em recompensas, ameaças ou punições pode até funcionar, mas com o passar do tempo esses artifícios perdem a força de submeter as pessoas aos caprichos de quem tem poder. Além do mais, esse tripé dá um trabalho e tanto, pois você precisará encontrar novas formas de premiá-las, aumentar o leque de chantagens impactantes e/ou montar uma vara de execuções penais para fazer com que os diferentes castigos instituídos para quem sai da linha sejam cumpridos.

O novo jeito de liderar exige a habilidade de **conferir propósito e significado àquilo que as pessoas fazem** para não ter de comprar o comprometimento delas, atuar com transparência total quando as coisas não vão bem em vez de ameaçá-las e assumir a sua parcela de responsabilidade pelo sucesso ou insucesso do time.

Como esperar que as pessoas se importem de fazer aquilo que é certo sem receber algo em troca no curto prazo, quando elas não participam das decisões nem sabem para onde estão sendo conduzidas? Como almejar que seu potencial flua se convivem com a insegurança permanente acerca do amanhã? E, mais do que tudo, como imaginar que se arriscarão quando temem que as suas iniciativas podem ser punidas se as ideias propostas naufragarem?

	VELHO JEITO DE LIDERAR	**NOVO JEITO DE LIDERAR**
OBJETIVO	Manter as pessoas sob controle rígido	Conquistar o compromisso das pessoas
PRÁTICAS	Ameaças de todo tipo visando mostrar quem manda na empresa.	Clareza quanto aos objetivos e transparência absoluta em todos os momentos.
	Punição exemplar de quem comete erros ou tenta se rebelar.	Responsabilidade compartilhada com os liderados nos fracassos e celebração conjunta das vitórias.
	Recompensas materiais para motivar o resultado de curto prazo.	Propósito significativo e inspirador que perdure ao longo do tempo, entre outros tipos de recompensa emocional.

Quadro 1 – Diferenças entre o velho e o novo jeito de liderar

Muitas companhias ainda não têm liderança

Quase todas as empresas têm líderes formais que estão à frente de áreas, departamentos ou projetos, mas, infelizmente, ainda são poucas aquelas que já amadureceram uma cultura de liderança. Explico: durante um bom tempo imperou a crença de que a liderança era uma competência de âmbito individual e não uma capacidade que poderia ser cultivada pelas organizações, orientar sua cultura e ter papel decisivo na execução das principais estratégias corporativas.

Assim, os olhos dos dirigentes voltavam-se muito mais à identificação das pessoas com alto potencial para estar à frente das coisas do que à tarefa de levantar o que as suas empresas poderiam fazer para se tornar verdadeiras "fábricas de líderes". Discutiam ideias como: "Por que algumas pessoas nascem líderes e outras não?" e "O que os grandes líderes fazem?" em vez de perguntarem: **"O que as nossas companhias podem fazer para desenvolver líderes internamente?"**.

O aprofundamento dos estudos sobre o tema nestes últimos anos fez com que muita gente revisse suas crenças a respeito de gestores com poderes sobrenaturais. Jack Welch, por exemplo, obteve resultados fantásticos durante os seus vinte anos à frente da General Electric, mas certamente teria feito muito menos se não tivesse encontrado o ambiente favorável para as mudanças que precisava implantar.

O processo de capacitação de líderes é tão bem desenhado na GE que outros executivos lá formados também teriam obtido sucesso semelhante se ocupassem a cadeira de CEO no mesmo período. Tanto é que o filme está se repetindo: Jeffrey Immelt o substituiu em setembro de 2001 e já é considerado um dos mais bem-sucedidos executivos da atualidade.

Algumas companhias enxergam a liderança como uma competência organizacional e seu modelo de gestão, estrutura, cultura e processos internos procuram dar condições para que as pessoas com alto potencial de liderança demonstrem seu valor. Tudo fundamentado no princípio de que qualquer colaborador precisa pensar e atuar como líder antes mesmo de ser alçado a um cargo dessa natureza.

E como sabemos se estamos diante de uma empresa que tem líderes ou já criou uma cultura de liderança? É só observá-la. As companhias focalizadas em líderes são dependentes das figuras que hoje ocupam as posições de alto escalão por não terem substitutos à altura no curto prazo. Elas aceitam ser dirigidas por quem se vê como um super-herói.

Já as empresas com a cultura da liderança não dependem de executivos reconhecidos como insubstituíveis; elas preferem capacitar internamente as pessoas que julgam ter potencial de liderança para que, a todo tempo, contem com o seu próprio banco de talentos (ULRICH & SMALLWOOD, 2009). Gente que possa ocupar as posições de quem saiu repentinamente da organização ou preencher novos cargos de gestão que surgiram em decorrência do próprio crescimento do negócio. Assim, elas tomam para si a incumbência de formar o próprio *pipeline* de liderança (CHARAN, DROTTER e NOEL, 2009).

No cotidiano, as diferenças também são percebidas até mesmo nas pequenas coisas. As empresas que realmente têm liderança valorizam o compartilhamento de tudo aquilo que diz respeito ao negócio, praticam a gestão à vista e avaliam as pessoas pelo desempenho. Por outro lado, nas empresas que vivem o "paradigma dos líderes competentes", é comum que até mesmo as informações de importância menor sejam encaradas como segredo de estado. Nesse sentido, poucos sabem se a companhia vai bem ou não e a maior parte das pessoas acaba sendo avaliada com base em critérios subjetivos.

Como você enquadraria a organização na qual trabalha: ela é repleta de líderes reconhecidos como insubstituíveis e está satisfeita com essa realidade, encontra-se em processo de transformação e já decidiu desenvolver uma sólida cultura de liderança para não depender de super-heróis no futuro próximo ou já tem seu próprio banco de talentos para cada posição-chave há algum tempo?

Capítulo 2

O que é liderança tática?

O russo Sawielly Tartakower nasceu em 1887 e foi um dos maiores enxadristas da década de 1920, serviu na II Guerra Mundial como soldado do exército francês – recebendo importantes comendas devido aos seus atos de heroísmo – e ainda se notabilizou como um respeitado jornalista ao longo da vida. Certa vez lhe perguntaram qual a diferença entre tática e estratégia e a sua resposta foi:

> **"Tática é saber o que fazer quando há o que fazer; estratégia é saber o que fazer quando não há nada a fazer."**

O vocábulo **estratégia**, frequentemente relacionado ao contexto militar, vem do grego *strategós*, uma composição de duas outras palavras: "stratós" (exército) e "agós" (liderança ou comando). Em uma tradução literal, portanto, *comando no exército* ou a *arte do general*, seu significado mais conhecido.

Tática também é uma palavra de origem grega (*taktikós*) e pode ser traduzida como *manobra*, *ato de pôr em ordem* ou *forma hábil de dirigir alguma coisa*. Em um sentido bélico, trata da arte da guerra que cuida da disposição e das manobras das forças combatentes durante a luta ou quando ela é iminente.

Nesta obra, sempre que utilizar o termo estratégia estarei me referindo ao **planejamento coordenado de um conjunto de ações que visam alcançar determinado objetivo a longo prazo.** O caminho que uma empresa escolhe para atingir sua visão de futuro ou o topo da montanha que decidiu alcançar.

Por outro lado, quando ler a palavra tática entenda-a como **manobra utilizada por alguém no curto ou médio prazo para aproximar-se do seu principal objetivo futuro planejado ou lidar com contingências que não foram previstas e poderão inviabilizar a estratégia se não forem enfrentadas com rapidez.**

Tomando por base essas duas definições, vale a pena ter em mente que existem algumas diferenças importantes entre elas:

1. A estratégia tem a ver com o "o que fazer" e a tática com o "como fazer".
2. A definição da estratégia exige a capacidade de planejamento, ao passo que a atuação tática depende da competência de execução.
3. A estratégia está relacionada a objetivos de longo prazo, enquanto a tática é sempre voltada ao curto ou médio prazo.
4. A implementação da estratégia exige muitas táticas que se sucedem ordenadamente no tempo.
5. Uma boa estratégia é aquela composta de inúmeras táticas integradas entre si.
6. A estratégia exige o foco da organização como um todo e a tática mobiliza o setor que precisa implementá-la.
7. Nas empresas que replicam o conhecido modelo militar de comando e controle (cultura hierárquica e estrutura rígida e verticalizada), geralmente a estratégia é definida pela alta administração, ao passo que as ações táticas ficam a cargo da média gerência de cada departamento ou unidade corporativa.

8. Nas empresas da Nova Economia (cultura de empoderamento e estrutura flexível e horizontalizada), a estratégia é construída em comum acordo pela alta administração e os demais líderes das áreas e/ou projetos. O papel tático, portanto, é entendido como missão a ser exercida pelo *staff* da companhia e por todos os demais colaboradores que podem mudar os rumos da organização.

Avaliemos um exemplo didático: vamos imaginar que você é o comandante principal de um exército que está em guerra e precisa tomar certa cidade inimiga. Após avaliar as alternativas de enfrentamento, chega à conclusão de que o melhor a fazer é cercar a cidade a fim de sitiar o exército oponente e impedir que a área seja abastecida com mantimentos pelas próximas semanas. O cenário futuro que vislumbra: com soldados famintos e fragilizados emocionalmente, o inimigo desistirá de lutar ou então estará muito fraco para vencer a sua tropa na hora do ataque planejado. Essa é a descrição da sua estratégia.

Decisão tomada, é hora de implementar uma série de táticas que coloquem a estratégia em curso, como é o caso das manobras de avanço de território, criação de abrigos, suporte psicológico à tropa combatente e a logística de abastecimento de recursos. Na sequência, é hora de executar manobras que criem intrigas no inimigo, favoreçam a sua rendição e/ou garantam a invasão do território sitiado.

Por conseguinte, se a estratégia representa os fins desejados, as táticas são os meios que utilizamos para chegar até lá. E não cabe a discussão sobre qual delas é a mais importante, mas o entendimento de que estratégia sem tática não leva a lugar algum, assim como tática sem estratégia é fatal.

Diante disso tudo, o que é a liderança tática?

É a capacidade de mobilizar a energia e a competência das pessoas – subordinados, pares, superiores, fornecedores e parceiros de negócio – para a execução da estratégia corporativa planejada e/ou a atuação de curto prazo com vistas a tratar os problemas que surgiram a partir de novos movi-

mentos da concorrência ou de grandes transformações que acabam de alterar a ordem das coisas em seu mercado de atuação.

A atuação tática

Não é nada fácil ser estratégico neste início do século XXI. Líderes que são considerados modelos de sucesso e acabaram de emprestar seus rostos para capas de conceituadas revistas de negócios podem vir a ser motivo de chacota daqui a pouco tempo por não conseguirem antecipar rupturas com o *status quo* ou simplesmente porque seus planos mirabolantes não se concretizaram. Eike Batista que o diga.

No aclamado livro *A lógica do cisne negro* (2008), Nassim Taleb lembra que "a fragilidade do conhecimento e a limitação do aprendizado baseado na observação e na experiência levam o ser humano a se defrontar com situações totalmente inesperadas" de uma hora para a outra. Como consequência, tentar prever o futuro com exatidão é uma tarefa quase impossível, já que nosso conhecimento acumulado é muito menor do que aquilo que ignoramos e tem a capacidade de nos afetar.

No entanto, o fato de atuarmos em um mundo em que os cenários podem se transformar rapidamente não invalida a importância do planejamento empresarial nem deve servir de justificativa para quem opta por viver ao sabor do acaso. A discussão sobre o futuro do negócio deve fazer parte da rotina de qualquer tipo de organização e o esforço de colocar no papel o caminho escolhido sempre trará inúmeros benefícios, mesmo que eles não sejam perceptíveis no momento presente.

A questão central é que as empresas, nos dias atuais, têm de ser muito ágeis para mudar a partir de amanhã – ou hoje mesmo – se os seus propósitos e planos deixarem de ser razoáveis, se o cenário construído pelo estrategista não se concretizar e, pior ainda, uma grave crise estiver próxima; como também naquelas situações em que uma oportunidade improvável aparecer e a empresa for mobilizada rapidamente para conseguir aproveitá-la. **É aí que os líderes táticos entram em cena e mostram seu valor**.

Todavia, não espere reconhecimento imediato pelo trabalho tático bem feito. Quem exerce esse papel há algum tempo sabe que *glamour*, definitivamente, não é uma palavra que combina com a atuação tática. E por quê? Em grande parte das empresas brasileiras não se valoriza a capacidade de execução dos executivos – uma contradição semântica, para dizer o mínimo – e sim a sua habilidade de arquitetar a estratégia de longo prazo.

Quase todo diretor que ousa colocar a mão na massa no início de um projeto para dar ritmo aos trabalhos acaba discriminado ou recebe, no mínimo, um olhar de reprovação dos seus pares. É tachado de centralizador, líder que quer fazer o trabalho da competência do liderado ou, no jargão da área de RH, "equivocado". Sente na pele que todos querem vê-lo longe do ritmo operacional e, de preferência, isolado em sua sala com vista panorâmica e mobiliário importado.

Certa vez escutei um diretor afirmar com convicção: "Fui contratado para realizar o nobre trabalho de pensar a estratégia; executar é tarefa do pessoal que trabalha no meu time. Por isso, eu passo as diretrizes para eles e espero que se virem!". Ele considerava o trabalho tático uma atribuição de segunda categoria e não se imaginava realizando-o em momento algum.

É claro que o alto *staff* tem a responsabilidade crítica de arquitetar o futuro da companhia e cumpre essa missão quando avalia os cenários competitivos mais prováveis, analisa como o negócio pode ser afetado por inovações de ruptura, investe recursos em novos mercados promissores e/ou desenvolve competências críticas que conferem vantagem competitiva diante da concorrência. Isto é, faz tudo aquilo que compõe uma estratégia de longo prazo sólida e eficaz.

Por outro lado, a alta direção não pode esquecer o dia a dia da empresa. Precisa estar ao lado das pessoas que operacionalizam a estratégia a fim de constatar, com os seus próprios olhos e ouvidos, até que ponto elas compreendem o que precisa ser feito e o que as motiva de verdade, bem como esclarecer dúvidas ou inspirá-las a fazer melhor.

A questão não é, portanto, o *staff* principal deixar de cuidar da estratégia e sim dirigir algumas preciosas horas para o papel tático. Quando se isola da operação rotineira, a diretoria não tem condições de impactá-la nos momentos em que a mudança de curto prazo é necessária. E vamos ser sinceros: cada vez mais as empresas precisam de líderes que pensem a estratégia e, ao mesmo tempo, tenham condições de estar à frente da companhia na hora em que as coisas precisam ser transformadas rapidamente.

Personalidades do mundo dos negócios, como Steve Jobs e o britânico Richard Branson (CEO do grupo Virgin), para ficar apenas em dois exemplos, são celebradas geralmente por sua capacidade inventiva e realizadora sob um viés mítico, o que reforça o entendimento equivocado de que as empresas têm sucesso de verdade apenas se contam com dirigentes fora de série, que parecem vir de outro mundo. Ignora-se o papel tático que gente assim tão bem desempenha em suas companhias quando os holofotes não estão acesos, as ideias são apenas rabiscos em uma folha de papel e há ainda muito trabalho pela frente. É na hora de fazer acontecer e ter de enfrentar toda espécie de dificuldade que executivos desse quilate realmente mostram seu valor.

A eficácia da ação tática depende da estratégia que lhe deu origem?

Mesmo que alguns líderes táticos se vejam como super-heróis ou queiram ser reconhecidos como tais, é insano pensar que alguém dê conta do recado durante muito tempo se a empresa não tiver uma estratégia coerente com a sua visão de futuro nem a comunica com eficácia para quem precisa fazer acontecer. Ou seja, além de não ser vocacionado a santo, nenhum líder tático faz milagres durante muito tempo.

Tive a oportunidade de atender algumas empresas de cultura hierárquica na qual os gestores formais de nível tático apresentavam um currículo respeitável e bom potencial de entrega, mas simplesmente não conseguiam fazer seu trabalho direito porque o alto *staff* estava desalinhado ou não cumpria o papel que cabia somente a ele dentro daquela realidade organizacional. Pessoas que, em uma atitude de autoproteção, preferiam ficar quietas aguardando que o "pessoal de cima" tomasse alguma decisão e, ao mesmo tempo, rezavam para que alguém se lembrasse de informá-las a respeito logo depois.

Nesse intervalo de tempo, porém, algumas consequências tumultuavam ainda mais o ambiente: a média gerência disputava espaço com os gestores operacionais para justificar a posição e o salário que recebiam no final do mês; ninguém disfarçava a frustração com o contexto no qual estavam inseridos; e, mesmo que inconscientemente, ajudavam a reforçá-lo quando tomavam para si o trabalho que deveria ser realizado por outrem ou deixavam de cumprir as atribuições-chave do seu cargo.

Estive em outras companhias que até estabeleciam suas estratégias de longo prazo, mas eram geridas por pessoas muito inconstantes. Logo que algum concorrente se mexia, elas já descartavam tudo aquilo que havia sido combinado e escolhiam outra orientação que não tinha nada a ver com o caminho adotado inicialmente. Recordo-me que, em uma indústria plástica, três diferentes estratégias foram implantadas durante o mesmo ano. Nem sei se é preciso destacar que a empresa foi vendida algum tempo depois a preço de banana.

Quanto mais bem delineada e comunicada é a estratégia, maiores são as chances de os líderes táticos cumprirem seu papel e vice-versa. Infelizmente, muitas empresas brasileiras ainda parecem sofrer uma tremenda crise de identidade – não reconhecem a que vieram nem aonde pretendem chegar – e pouco fazem de concreto para resolver esse problema por considerá-lo um mal menor. Como pensar em uma ação tática coerente em um caso como esse?

Não é fácil responder a essa última pergunta, mas é preciso analisá-la com bastante cuidado. Em face do caráter de imprevisibilidade que tanto marca o nosso tempo, também é preciso saber trabalhar em um ambiente de caos e aprender a improvisar. Isto é, não ter uma estratégia clara não inviabiliza o trabalho do líder tático no curto prazo se você compreende o contexto ambiental e age rápido.

Além disso, quem trabalha naquele tipo de companhia que faz uso de táticas disfuncionais ou desalinhadas já sofreu o suficiente para entender a importância de uma boa estratégia – e até sonha com ela. Aprendeu, a duras penas, que as táticas falhas realmente ajudam a mapear os passos que precisam ser seguidos no planejamento corporativo de longo prazo. E eles nos ensinam que, **em algumas situações, é possível que a tática anteceda a estratégia**.

Consequentemente, a eficácia da ação tática nem sempre depende de uma estratégia que lhe tenha dado origem e até pode ser que o êxito de curto prazo ainda conceda o benefício dos gestores organizacionais abrirem os olhos para aquilo que insistem em não ver.

Independentemente dessa discussão, só não se esqueça de seguir três princípios rígidos em qualquer contexto:

- **Cuide do processo de comunicação interna.** As pessoas com as quais você conta para executar a estratégia – e as diferentes táticas que a viabilizam – precisam compreender muito bem aquilo que cabe a cada uma delas.
- **Mantenha a agenda de gestão oculta**. Não deixe que a concorrência consiga acompanhar o passo a passo do seu time.
- **Seja imprevisível.** Quem desenvolve ações pouco inovadoras ou previsíveis geralmente não consegue provocar impacto no mercado, e pior, é pego de surpresa por terceiros, que arquitetaram seus movimentos de xadrez há muito tempo.

As posições formais de liderança tática nas empresas

Para atuar como líder tático você não precisa ocupar, necessariamente, um cargo de gestão na hierarquia da empresa onde trabalha e verá como isso é possível ao ler os próximos capítulos. Você mesmo, creio eu, deve conhecer pessoas que, periodicamente, concretizam grandes feitos nas mais diferentes esferas da vida sem que gozem de qualquer tipo de poder formal.

Todavia, é indiscutível que nos países de cultura burocrática como o nosso, quem precisa atuar taticamente e já possui um típico cargo de gestão tem tudo para chegar mais longe. Como bem disse certa vez o ex-primeiro-ministro britânico Tony Blair: "O poder sem honestidade é um desastre, mas a honestidade sem o poder é inócua".

Muitas vezes presenciei ótimas propostas não prosperarem porque quem as defendia, mesmo sendo reconhecido como alguém de caráter imaculado, não contava com poder de decisão. Era capaz de influenciar as convicções de quem o escutava, entretanto, não tinha força para garantir que as suas ideias vingassem.

O papel formal de liderança tática geralmente é ocupado nas empresas de cultura tradicional pelos gerentes, coordenadores, supervisores, chefes de departamento e demais agentes que se enquadram na média gerência. Aqueles que precisam atender às demandas tanto de superiores quanto de liderados e pares dentro da pirâmide organizacional, respondem diretamente a alguém, têm subordinados diretos e, ainda, trabalham com colegas do mesmo nível hierárquico.

Capítulo 3

A atuação tática nos diferentes modelos de gestão

No clássico artigo *Skills of an effective administrator*, publicado na Harvard Business Review em 1955, Robert Katz já defendia que as organizações deveriam criar uma estrutura hierárquica rígida composta por apenas três níveis de gestão: estratégico, tático e operacional.

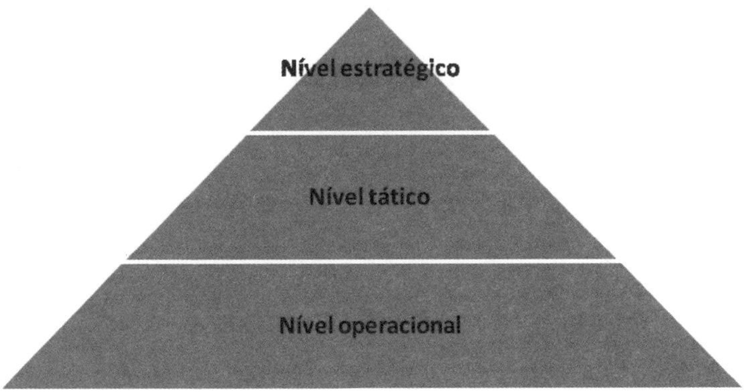

Figura 1 – Os níveis organizacionais numa empresa de estrutura tradicional
Fonte: KATZ, R. L. *Skills of an effective administrator*. Harvard Business Review, p. 33-42, Jan/Fev, 1955.

Desde então, o **nível estratégico** – ou institucional – é aquele composto pelos acionistas da empresa, principais executivos e o conselho de administração, quando existente, e sua responsabilidade é guiar a companhia para um futuro próspero. Entre as atribuições centrais de quem ocupa este papel, podemos citar a salvaguarda da ideologia central (missão e valores), a construção de uma visão de futuro para o longo prazo e a definição das diretrizes do negócio.

Os integrantes do nível estratégico devem ter habilidades conceituais relacionadas à percepção da empresa como um todo e a capacidade de identificar os cenários mais prováveis que se apresentam para cada alternativa antes de optarem por uma delas. Vale dizer, quem ocupa uma posição estratégica deve contentar-se com o ônus de geralmente fazer escolhas diante de algumas certezas e várias incertezas.

Na prática, ao elaborar políticas e prioridades de atuação, o nível estratégico procura garantir a perenidade da empresa e antecipar movimentos com o propósito de criar algum tipo de vantagem competitiva que a diferencie das demais competidoras.

Na outra extremidade da pirâmide organizacional temos o **nível operacional**, cujo empenho é direcionado para cada um dos processos, tarefas, atividades e projetos que impactam a organização no curto prazo. Quem atua nele é respeitado quando consegue resolver os problemas de forma rápida, além de lidar bem as limitações que têm tudo para impedir uma boa performance.

Outra particularidade do nível operacional é que as decisões tomadas pelos seus gestores têm pouca amplitude e a visão dessas pessoas acerca do negócio geralmente fica restrita àquilo que ocorre nos setores em que trabalham. Consequência? A capacidade de planejamento desses profissionais é pouco exigida no cotidiano, enquanto saber "se virar nos trinta" é quase uma obrigação.

A menor importância política da base também decorre do fato de que grande parte das decisões tomadas por ali tem caráter técnico e aos gestores operacionais cabe o controle dos padrões de qualidade, produtividade e custo preestabelecidos pelos níveis estratégico e tático. Quem atua na operação cumpre a demanda estabelecida pelas instâncias superiores.

Já o **nível tático**, no meio da estrutura, tem como principal missão traduzir as decisões estratégicas em ações passíveis de serem executadas pelas diferentes áreas funcionais que compõem a organização. Como consequência, seus gestores tomam decisões com base em condições menos angustiantes do que os que dirigem a área estratégica. O caminho escolhido também alcança menor amplitude temporal e impacto do que as determinações dos estrategistas. O lado bom dessa história é que, se você perceber que fez a opção errada, ainda terá de lidar com os efeitos do equívoco, mas será possível mudar o rumo.

Até hoje é comum encontrarmos organizações nas quais cada área estabelece seus planos específicos sem a mínima preocupação de integrá-los aos principais objetivos corporativos – que infelizmente, muitas vezes nem existem no papel. Resultado: inúmeras "ilhas" formadas e confrontos diários travados nas trincheiras de cada departamento. O nível tático existe nas organizações de estrutura tradicional exatamente para garantir que a estratégia seja assimilada por quem atua na operação rotineira e precisa fazê-la acontecer.

Patrocinar a comunicação entre a cúpula e a equipe operacional não é um trabalho simples e somente as pessoas que conseguem "circular pela companhia", manter um diálogo franco com o "doutor" e o "peão", bem como conservar o sangue frio quando todos estão com os ânimos exaltados, cumprem esse papel com sucesso.

Na sequência, confira o quadro com as características específicas de cada nível organizacional em uma companhia que é orientada por esse modelo de gestão:

CARACTERÍSTICAS	NÍVEIS		
	ESTRATÉGICO	TÁTICO	OPERACIONAL
Abrangência	*Instituição*	*Unidade e departamento*	*Setor e equipe*
Natureza do cargo	*Presidência e alta direção*	*Gerência, coordenação e supervisão*	*Encarregados, líderes de equipe e pessoal de considerável expertise técnica*
Perfil	*Visão e liderança*	*Experiência e eficácia*	*Técnica e iniciativa*
Horizonte	*Longo prazo*	*Médio prazo*	*Curto prazo*
Foco	*Destino*	*Caminho*	*Passos*
Diretrizes	*Visão e objetivo*	*Planos de ação e projetos*	*Processos e atividades*
Conteúdo	*Abrangente e genérico*	*Amplo, mas sintético*	*Específico e analítico*
Ações	*Determinar, definir e orientar*	*Projetar e gerenciar*	*Executar, manter, controlar e analisar*
Software	*Painel de controle*	*Planilha*	*Aplicações específicas*

Quadro 2 – Características específicas de cada nível organizacional em uma empresa tradicional

A atuação tática em empresas que adotam o Velho Paradigma

Conforme já abordei em outro momento, o papel tático de todo líder – independentemente do *status* que seu cargo tenha na estrutura organizacional – requer a capacidade de articulação dos esforços coletivos para a execução das estratégias corporativas. Eles devem ter habilidade de fazer com que bons propósitos se materializem, as ideias do alto *staff* saiam do papel, o olhar visionário de hoje passe a ser encarado como fato concreto amanhã ou dirimir algum problema relevante que acabou de surgir.

É claro que para dar conta disso tudo ninguém é obrigado a ocupar uma posição formal de liderança nos quadros da empresa, entretanto, precisa sim ser capaz de influenciar aqueles que estão à frente dos negócios e de quem coloca a mão na massa no dia a dia. Mas, reitero, não é nada fácil atuar como um agente de mudanças paradigmáticas em uma companhia tradicional quando se tem apenas a credibilidade pessoal como forma de vencer as resistências que aparecem pela frente.

Figura 2 – Estrutura clássica de uma empresa do Velho Paradigma

É por isso que, nas **empresas que praticam o velho paradigma**, o papel tático cabe aos membros da média gerência – gerentes, coordenadores, supervisores e chefes de departamento, por exemplo. Esses cargos foram concebidos exatamente para promover a articulação interna entre os diferentes níveis organizacionais e instigar a cooperação. Missão árdua, pois os liderados diretos da média gerência muitas vezes se posicionam na defensiva, enquanto o pessoal do topo mantém distância de tudo e de todos tentando solucionar seus próprios problemas. Portanto, precisam criar um clima colaborativo onde muita gente joga para se defender há um bom tempo e outros só querem jogar seu próprio jogo.

É natural que os níveis estratégico e operacional vejam o mundo de forma muito diferente. Primeiro porque, se o *staff* principal mantém os olhos voltados ao futuro e busca garantir a perenidade da empresa, o nível operacional é pressionado para resolver problemas pontuais e urgentes. Além disso, se aquele possui a visão global do negócio, este geralmente só consegue avaliar a realização do seu próprio trabalho.

Isso explica porque quem ocupa um papel tático na média gerência se vê constantemente pressionado por demandas que vêm tanto daqueles que estão acima quanto de quem se encontra abaixo. Aliás, é daí que vem a expressão pejorativa "gestor ensanduichado", que tão bem representa o sentimento experimentado por muitos líderes que procuram conciliar interesses aparentemente incompatíveis apresentados por superiores e subordinados.

Caso você também passe por isso, recolha o desejo de desfiar suas lamentações. Se os níveis estratégico e operacional conseguissem alcançar naturalmente um estado harmônico de produtividade em empresas do velho paradigma, os cargos de gestão tática seriam totalmente desnecessários. Aliás, como bem lembrava o saudoso Peter Drucker: "Como gerente você é pago para estar desconfortável. Se você está confortável, é um sinal seguro de que está fazendo as coisas erradas".

Quanto mais exigências são reconhecidas para o desempenho de excelência em dada posição, mais ela se torna fascinante e imprescindível para uma empresa, e este é o caso de quem ocupa, hoje em dia, um cargo de natureza tática em uma firma pautada por comando e controle.

A atuação tática em empresas que optaram pelo Novo Paradigma

Durante muito tempo o modelo de gestão tradicional exerceu primazia absoluta porque, mesmo rígido e pouco convidativo à satisfação dos empregados, ele era suficientemente eficaz para o alcance dos resultados pretendidos. Além disso, a imensa maioria das empresas acreditava ser desnecessária a busca por estruturas organizacionais e modelos de gestão alternativos. O problema é que o mundo dos negócios se transformou demais nas últimas duas décadas e as pessoas buscam, nos dias atuais, um trabalho que confira propósito e significado à vida delas.

Companhias lentas simplesmente desaparecem por não conseguirem acompanhar as inovações que seus concorrentes implantam em tempo recorde ou por ignorarem as sutis mudanças que afetam o comportamento de compra dos seus clientes. Um exemplo é a finlandesa Nokia, cuja divisão de celulares liderou o mercado mundial até 2012, quando foi superada pela Samsung, e em setembro de 2013 já estava sob o controle da Microsoft em uma tentativa de salvá-la. Diga-me: vinte anos atrás alguém acreditaria que o líder mundial de alguma coisa perderia seu posto em um determinado momento e já seria vendido no ano seguinte com o propósito de evitar uma decisão ainda mais drástica? A resposta é um categórico “não!”.

Se companhias inovadoras e orientadas por uma cultura organizacional vibrante de vez em quando são vendidas para não sucumbir – como é o caso da Nokia –, imagina o que acontece com aquelas guiadas pelo velho paradigma rígido e controlador, que prefere pessoas submissas e comportadas àquelas que pensam fora da caixa?

Empresas que praticam um modelo de gestão tradicional foram muito eficazes enquanto a previsibilidade era a regra e qualquer mudança de alto impacto levava anos para se materializar. Até o momento em que qualidade ou preço baixo eram vantagens competitivas suficientes para se obter reserva de mercado durante um bom tempo, sem ser incomodado por ninguém.

Dentro desse novo contexto competitivo, o papel tático do líder também mudou. Se antes ele praticamente confundia-se com as atribuições de quem ocupava um cargo típico da média gerência, atualmente **todo gestor** precisa ter a capacidade de atuar em situações de crise, que pedem uma rápida tomada de decisão e, ao mesmo tempo, não medir esforços para garantir a execução da estratégia de longo prazo.

Dessa forma, já não há mais possibilidades de se praticar liderança pensando nas velhas caixinhas, como se cada nível organizacional permanecesse *dentro do seu quadrado*. "Eu só cuido da estratégia, você da tática e o pessoal lá de baixo da operação" é um princípio incoerente com a realidade atual do mercado, ainda mais se você está à frente de uma empresa que enfrenta um turbilhão de mudanças dia após dia.

Essa não é a defesa de uma cultura anárquica, na qual todos fazem aquilo que bem entendem. Trata-se, sim, de compreender que o papel tático não deve mais ficar circunscrito à média gerência, principalmente se você atua em uma organização que pretende ser reconhecida pela capacidade de inovação ou, desde que nasceu, busca obter o compromisso e não a obediência cega dos colaboradores.

Figura 3 – Estrutura clássica de uma empresa do Novo Paradigma

Empresas que optam pelo **novo paradigma** de gestão praticam parcial ou integralmente a *adhocracia* (termo que deriva do latim "adhoc" e do grego "kratós" e significa "governo para este fim"). Isto é, enfatizam a simplificação de processos e a adaptação da companhia a cada situação particular; além de serem orientadas por uma cultura organizacional engajadora, na qual as pessoas se comprometem profundamente com o lugar onde escolheram atuar.

É por isso que as suas equipes de trabalho geralmente são temporárias e multidisciplinares, o poder de decisão é descentralizado, as atribuições-chave de cada pessoa são modificadas de tempos em tempos e existem poucas regras e procedimentos. Aquilo que faz tanta gente admirar o Google, Facebook etc.

Nesse tipo de estrutura organizacional, é claro que o papel tático é bem diferente daquele exercido nas empresas tradicionais. As pessoas costumam chamar para si a responsabilidade de fazer aquilo que deve ser feito sem que ninguém lhes diga o que realizar e agem proativamente mesmo quando não têm uma posição formal de gestão.

Recorro a uma metáfora de fácil entendimento: enquanto as empresas do velho paradigma são semelhantes a uma equipe que compete provas na modalidade de remo **oito com timoneiro**, as companhias do novo paradigma parecem um time de **rafting**. Se aquelas têm papéis rígidos, dependem de um ambiente controlado para competir (lagoa sem ondas) e sabem que a liderança é exercida apenas pelo timoneiro (o único que vê a meta enquanto os demais remam de costas); estas já aprenderam que os papéis podem mudar dependendo de onde está a próxima pedra, o ritmo da equipe é ditado pelos tipos de corredeiras enfrentadas, a liderança é compartilhada entre vários dos integrantes da equipe (mesmo com a presença de um timoneiro) e quanto maior o desafio, maior também é a satisfação de todos.

Figura 4 – Equipe de remo oito com timoneiro
Fonte: Extraída de http://www.nauticexpo.es/ (acesso em 28/04/2015).

Figura 5 – Equipe de rafting
Fonte: Extraída de http://www.phoksundotravels.com/ (acesso em 28/04/2015).

Como descobrir se a sua empresa tem uma gestão tradicional ou moderna?

Confira, a seguir, as características principais de cada um dos dois principais modelos de gestão para que você possa identificar claramente aquele que orienta a companhia onde trabalha.

	Velho paradigma	**Novo paradigma**
Cultura organizacional	Comando e controle.	Iniciativa e autonomia.
Valores corporativos	Hierarquia, fiscalização, supervisão, centralização, disciplina, obediência, sigilo, ordem, segurança, previsibilidade e domínio.	Igualitarismo, democracia, autonomia, descentralização, criatividade, dinamismo, liberdade, inovação, realização, espontaneidade e intercâmbio.
Estrutura	Piramidal, rígida e fortemente hierarquizada.	Organizada por macroprocessos, flexível e com poucos níveis hierárquicos.
Processos	Existe burocracia na estrutura organizacional como um todo para garantir o máximo controle. Consequentemente, as pessoas convivem com muitas regras, procedimentos e a incessante busca pela conformidade.	Buscando a eficácia, a companhia adota princípios gerais para o trabalho rotineiro e conta com o discernimento e o bom senso das pessoas na hora em que elas tiverem de resolver problemas inéditos.

	Velho paradigma	Novo paradigma
Acesso à informação	Somente os chefes sabem, de verdade, se a empresa está obtendo lucros ou prejuízos. Pairam muitas incertezas sobre o rumo da companhia e as pessoas temem que, a qualquer momento, alguma decisão de impacto as afete.	Como pratica a gestão à vista, a empresa confere aos colaboradores a exata noção de quais são os números financeiros do último trimestre e para onde ela dirigirá esforços no curto prazo.
Tomada de decisão	Centralizada no alto *staff*, os liderados sabem que não há muito o que fazer a não ser cumprir aquilo que veio de cima.	Os colaboradores se sentem encorajados a expressar suas opiniões quando alguma decisão estratégica precisa ser tomada pelo líder e gozam de autonomia para agir dentro da sua área de competência profissional.
Velocidade para mudar	A empresa é lenta e só muda para acompanhar o mercado ou adequar-se às novas expectativas dos clientes.	A empresa age com rapidez quando pressionada externamente e, muitas vezes, antecipa-se à concorrência (atuando como desbravadora).
Avaliação de desempenho	É conduzida com base em critérios subjetivos e as pessoas acabam promovidas ou demitidas em decorrência do nível de proximidade que mantêm com o gestor imediato ou de acordo com o tempo que trabalham na empresa.	Fundamentada em objetivos concretos pactuados entre líder e liderado, a avaliação é impessoal e o que conta é a performance do colaborador.

	Velho paradigma	Novo paradigma
Modelo de líder eficaz	Aquele que mantém as pessoas controladas enquanto a equipe busca alcançar seu objetivo.	Aquele que desperta o compromisso das pessoas para resultados expressivos e se preocupa em satisfazer as necessidades legítimas dos liderados.
Atuação tática	Fica a cargo da média gerência, formalmente constituída.	É papel das lideranças que estão à frente das áreas ou projetos, bem como das demais pessoas que se sentem responsáveis por ajudar a companhia a resolver problemas ou aproveitar oportunidades no curto prazo.
Expectativas da empresa em relação ao empregado	■ Respeite a hierarquia. ■ Faça o que lhe pedem.	■ Busque a satisfação do cliente. ■ Seja proativo.
Sentimentos do empregado	■ "A empresa me trata como recurso." ■ "Manda quem pode e obedece quem tem juízo."	■ "A empresa me vê como parceiro." ■ "Também me sinto dono da empresa, pois eu posso fazer a diferença."
Sentimento do cliente	"Sou inimigo da empresa."	"Eles me compreendem e se importam comigo."

Quadro 3 – Diferenças entre o modelo de gestão tradicional e o moderno.

Capítulo 4

A dimensão tática da média gerência

Em 2011, a consultoria Betania Tanure Associados realizou uma pesquisa com 4.500 executivos de treze países para detectar qual era o nível de "mandonismo" praticado em empresas de diversos continentes e não deu outra: os gestores brasileiros são centralizadores como ninguém. Consequentemente, não adianta falarmos tanto em modelos adhocráticos ou democráticos quando o "manda quem pode e obedece quem tem juízo" ainda está tão presente em nossas companhias.

Ok! E qual o segredo dos líderes táticos que ocupam posições formais de média gerência nas empresas brasileiras? O que fazem os gerentes, coordenadores e supervisores que têm a incumbência de rodar a máquina em uma empresa onde boa parte das decisões vem do pessoal de cima?

Segundo Filho (2007), para dar conta dos desafios típicos de quem está no meio da pirâmide organizacional, é necessário que o profissional atue como **elo** entre os níveis hierárquicos, **agente da mudança** corporativa e **administrador dos recursos internos** disponíveis. Mais: são essas atribuições que conferem à média gerência o *status* de personagem central no cotidiano de uma empresa e reforçam que uma companhia de estrutura tradicional realmente é capaz de sobreviver a todo e qualquer tipo de problema, menos à evasão da sua gerência intermediária (MARKETPLACE, 1996).

Por outro lado, não é fácil dar conta desses três papéis. Atuando como consultor, trabalhei com muitas pessoas que desempenhavam um ou dois deles com primor, mas acabavam deixando o terceiro para trás. Consequentemente, os resultados não eram expressivos e as pessoas passavam a ser vistas como incompetentes quando poderiam chegar muito mais longe e, ainda por cima, conquistar uma respeitável reputação em suas empresas.

A seguir, vamos abordar cada uma dessas dimensões de forma que você possa analisar friamente o que sustenta o seu desempenho hoje em dia, em que poderá implementar melhorias e o que vale a pena fazer de concreto, a partir de agora, para ser mais eficaz.

1. Elo

"Os gerentes de nível intermediário muitas vezes atuam como sinapses no cérebro das empresas, promovendo a ligação entre os operários e os executivos seniores" (FIRE, 1996, p.51).

Essa citação revela perfeitamente o papel de articulação que cabe à média gerência dentro das companhias que adotam uma estruturação hierárquica e vertical. Como, na maioria das vezes, a base e o topo falam línguas muito diferentes, os choques acabam sendo inevitáveis. É imprescindível, portanto, que alguém promova a aproximação dos interesses aparentemente antagônicos, revelados das mais diferentes formas.

Em algumas organizações, a própria fala expressa os quilômetros de distância existentes. A área operacional, por exemplo, chama o nível estratégico de "pessoal do ar condicionado" ou "os homi", enquanto que o alto *staff* diz que aqueles são "o pessoal do piso" ou "os cara".

O papel da média gerência, portanto, passa por atuar como elo entre a cúpula e a base: comunicar ao escalão maior as demandas dos colaboradores operacionais que precisam ser atendidas na medida do possível, bem como transmitir, com eficácia, os objetivos do nível estratégico em uma linguagem compreendida por todos que trabalham nas fronteiras de cada um dos processos funcionais. Fazer o meio-de-campo, no jargão futebolístico.

Contudo, esse papel nem sempre é declarado pela empresa com exatidão, tampouco é facilmente exercido. Se a posição tática favorece a compreensão sistêmica de uma companhia e dá a exata dimensão de como cada nível organizacional enxerga seu mundo particular, outra coisa bem diferente é ter a capacidade de utilizar esse conhecimento visando maximizar o desempenho organizacional. Em outras palavras, chamar para si a responsabilidade de alinhar todo mundo e, principalmente, ter a competência de realizar este trabalho em meio ao fogo cruzado, não é missão para qualquer pessoa.

O processo de articulação

Muitos profissionais adoram exercer o trabalho de articulação. Apreciam o jogo político de intermediar a aproximação de pessoas que não cultivam um bom relacionamento ou então veem o mundo sob perspectivas díspares. Isto é, gostam de sentar com alguém para escutar o seu ponto de vista, depois agendam um bate-papo com a contraparte para ouvi-la também, mastigam aquilo que absorveram e então dão um jeito de reunir todo mundo em uma mesma mesa a fim de costurar o acordo possível. E tudo isso sem assumir o partido de quem quer que seja.

Se, para alguns indivíduos, esse tipo de trabalho é desconfortável, para outros o desafio de ligar gente que não se comunica com eficácia – ou pior, nem suporta estar na mesma sala – é fonte de inegável satisfação.

Além do mais, quem cumpre o papel de elo obtém o tipo de poder e *status* que muitos profissionais buscam hoje em dia. Explico: o gerente intermediário, que passa a ser reconhecido como um exímio articulador, na maioria das vezes também acaba sendo visto pelo nível estratégico como um conselheiro informal na hora de tomar decisões importantes, ou então, como o mentor de quem ocupa um cargo operacional e quer subir alguns degraus na hierarquia da empresa.

No entanto, não se engane. Quem faz as vezes de "garotinho de recados" não alcança poder de referência algum, muito menos posiciona-se como um real interlocutor. É o caso de quem recebe uma incumbência do chefe e apenas a retransmite para os liderados diretos, sem avaliar o tipo de abordagem a ser feita para que as pessoas acolham a mensagem. Ou então, no caminho inverso, recebe a solicitação de compra de determinado equipamento de seus operadores e só repassa a demanda para cima, sem "vendê-la" adequadamente.

Alguém só pode se considerar um grande articulador a partir do momento em que, diante de notícias nada animadoras e interesses divergentes entre duas ou mais partes, ainda assim consegue aproximá-las e construir um acordo ganha-ganha. Isto é, impulsiona as pessoas à empatia, consegue motivá-las a realizar pequenas concessões mútuas e, especialmente, faz com que vejam a situação que as distanciavam sob uma amplitude maior.

Para isso, o primeiro passo é conhecer muito bem os clientes internos, o que implica compreender os valores que carregam, o tipo de pressão que têm sofrido ultimamente, seus objetivos prioritários para os próximos meses e a linguagem que os orienta no dia a dia.

Contudo, o papel de articulação que cabe à média gerência não se restringe às fronteiras internas da empresa; também é preciso desempenhá-lo junto a outros *stakeholders* – fornecedores e clientes, principalmente. Um exemplo disso é que a pessoa responsável por administrar os contratos com terceiros, na imensa maioria das empresas, é supervisor, coordenador ou gerente, e não diretor ou superintendente.

Muita gente tem o costume de me perguntar o que é mais difícil: aproximar os interesses do nível estratégico e operacional ou atender às demandas que vêm dos clientes quando a capacidade de entrega da sua companhia não é significativa? A resposta que geralmente dou é: cada caso é um caso.

O que posso afirmar, com segurança, é que o fogo amigo impera no nível intermediário e, por conseguinte, às vezes é bem mais difícil articular o trabalho da própria média gerência do que fazer com que outros atores realizem aquilo que lhes cabe. Por quê? Como já afirmei, pessoas que realmente agem como elo conquistam a reputação e a credibilidade que muitos outros pares sonham obter, há tempos, e acabam atraindo a inveja daqueles que se sentem injustiçados.

Nesse sentido, a minha experiência mostra que o líder tático que divide os méritos com seus pares e se esforça por demonstrar que as conquistas são o resultado do trabalho de todos, acaba experimentando poucos boicotes. Eles não são encarados como ameaça real aos planos de carreira dos pares.

Para ser elo é preciso gostar de gente

Como vimos, não é possível obter resultados excepcionais em um papel tático formal de média gerência sem uma grande capacidade de articulação e, principalmente, gostar de resolver problemas provocados por gente.

Vejo que muitos líderes sofrem ao terem de solucionar as mais diferentes contendas pelo fato de não compreenderem que boa parte do seu papel tático está relacionada à capacidade de mediarem conflitos de toda espécie provocados por pessoas que trabalham ao seu lado.

É por isso que profissionais que atuam durante um longo período de tempo em uma posição de gestão operacional e depois são promovidos a um cargo de média gerência acabam enfrentando dificuldades para superar essa transição. Se, até pouco tempo atrás, seu trabalho estava relacionado à melhoria dos mais diferentes processos e, em menor grau, às questões advindas dos colaboradores; agora precisam participar de infindáveis reuniões e angariar o apoio de quem, segundo a sua visão, deveria começar a fazer logo o trabalho e parar de reclamar à toa para que eles também passassem a realizar o seu.

A capacidade de articulação não faz parte do rol de competências técnicas porque ela é, antes de tudo, fruto de uma escolha do indivíduo, algo que tem relação com o seu próprio projeto de vida: manter a disposição de aproximar pessoas e seus respectivos interesses. Se você não aprecia resolver problemas ligados a seres humanos, é provável que a sua carreira tenha de ser dirigida para cargos de natureza técnica; jamais para uma posição de média gerência em uma empresa de cultura tradicional.

2. Agente de mudanças

O mundo analógico – e suas mudanças lentas e graduais – ficou definitivamente para trás, dando lugar a outro no qual as transformações são cada vez mais rápidas e impactantes na grande maioria dos mercados.

Essa realidade inquestionável reforça ainda mais a importância do gestor intermediário nas empresas burocráticas; afinal, é ele quem acaba sendo o propulsor e/ou disseminador de boa parte das novas ideias, projetos, processos e demais movimentos que procuram manter a competitividade desse tipo de companhia ao longo do tempo. Papel que cresce cada vez mais desde que a média gerência teve de assumir a incumbência de construir times para administrar a mudança a fim de liberar o nível estratégico para todas as funções ligadas ao planejamento de longo prazo. E, com raras exceções, a verdade é que somente os gestores intermediários têm potencial de sobra para suscitar a motivação dos colaboradores e encorajá-los a atingir os objetivos em processos de transição.

Pense em um grupamento tático da Polícia Militar. Quando ele é chamado para atuar, espera-se que resolva o problema de uma vez por todas, já que tem força suficiente para fazer as coisas acontecerem. Comparativamente, se algum tipo de mudança precisa materializar-se em uma empresa tradicional, ou a média gerência coloca o time em campo, de verdade, ou todo o processo de transformação fica inviabilizado.

As posturas de um agente de mudanças

Existem basicamente três tipos de agentes de mudanças nas organizações. São eles:

Geradores de mudança	*Convertem os problemas da empresa em necessidades específicas de mudança e lideram o processo.*
Implementadores de mudança	*Executam a mudança nas organizações assim que recebem a incumbência de concretizar uma dada iniciativa.*
Adotadores de mudança	*Relativamente inconscientes do seu papel no processo de transformação, colaboram para que a implementação aconteça, não impondo resistências às novas práticas ou ideias.*

Quadro 4 – Tipos de agentes de mudanças.

Assim, atua como um **gerador de mudança** aquele indivíduo que promove uma iniciativa de transformação na companhia e tem a capacidade de conduzir o processo até a sua execução integral. Trata-se daquele que vende o conceito para superiores, pares e subordinados enquanto a inércia está instalada e depois age proativamente para concretizar aquilo que idealizou.

Implementadores de mudança são os bons soldados organizacionais que fazem acontecer logo depois que recebem uma tarefa de seus superiores. Aquele tipo de pessoa com a qual você conta sempre que precisa colocar em prática alguma decisão relevante que acabou de ser tomada e tem consciência de que exigirá muito trabalho.

Já os **adotadores de mudança** são as pessoas que aceitam o processo de transformação em curso sem desempenhar um papel crucial para a consolidação da iniciativa. "Gente-chave" na empresa que, mesmo não pregando a favor do novo, consegue ajudar só pelo fato de não resistir à proposta.

Assim sendo, o cumprimento do papel de agente de mudança pode variar bastante dependendo de quem está à frente da posição tática. Por outro lado, o que não muda é o fato de que todas essas posturas descritas revelam alguém que atua como porta-voz do novo paradigma aos demais colaboradores internos.

A mudança geralmente não é bem-vinda

Uma das principais características da mudança é que ela desacomoda e desperta o medo do desconhecido nas pessoas, convidando-as à resistência em maior ou menor grau a fim de que tudo continue como está.

A média gerência também sente tal desconforto. A diferença é que a sua resistência tem a capacidade de atrasar ou sepultar boa parte das mudanças organizacionais, mesmo quando o nível estratégico está comprometido com os novos rumos.

Nesse caso, as duas posturas mais comuns são: declarar-se aos quatro cantos contrário à iniciativa ou boicotar o processo transitório com ações arquitetadas nos bastidores. Ou seja, além de não atuar como um agente de mudança, o gestor tático ainda pode agir como uma barreira.

Vejamos o exemplo da implantação de um novo sistema integrado de gestão – o conhecido ERP. Muitas organizações acumulam grandes traumas porque os gestores intermediários nem sempre são sensibilizados logo no início do projeto e, ao perceberem que boa parte do trabalho sobrará para eles, tiram o pé do acelerador até onde podem. Quando, por fim, a organização se rende à sua importância e procura comprometê-los, muito dinheiro já foi gasto ou a iniciativa perdeu força.

Outra situação clássica é a do colaborador que retorna de um treinamento extremamente animado com aquilo que ouviu e ávido por aplicar tais aprendizados na empresa, entretanto, acaba encontrando, em seu gerente, um obstáculo para a concretização de qualquer tipo de mudança.

Também é preciso destacar que a resistência da média gerência às vezes surge de contradições comuns à própria atuação tática, como ocorre quando o líder tem de defender iniciativas que, pelo menos aparentemente, não lhe apresentam qualquer benefício e, ainda por cima, tendem a aumentar seus problemas (NEWELL e DOPSON, 1996). É aí que muita gente acaba agindo como um típico "reagente a mudanças" e nem se dá conta disso.

Competências do agente de mudanças

Comportamento resiliente e capacidade de lidar com a incerteza são duas competências comuns à maior parte das pessoas que atuam como agentes da mudança; afinal, você precisa manter a serenidade enquanto os focos de resistência não são superados e considerar que as coisas podem não sair como planejou.

Também é importante estar atento ao contexto. Cada empresa tem uma cultura organizacional que regula quase tudo internamente, um histórico de mudanças bem-sucedidas, ou não, capazes de explicar as oposições que aparecerão adiante e uma realidade econômico-financeira que poderá facilitar ou dificultar a adesão das pessoas ao novo.

Além disso, é recomendável que o líder tático tenha reputação e credibilidade suficientes para ser escutado pelas pessoas. Percebo que alguns deles têm intelecto suficiente para visualizar o futuro, mas suas palavras são escutadas com incredulidade porque não dão o exemplo.

Ok! Mas e se você não compreender ou desejar a mudança em curso? Apresente as suas dúvidas ou insatisfações em uma conversa franca com os superiores diretos ou então naquele comitê do projeto em que este tipo de debate é permitido. Demonstrar a sua desmotivação e os desagrados para o time não vai confortá-lo e, provavelmente, aumentará os problemas.

Quando você demonstra diretamente à sua equipe que não acredita na necessidade da mudança, essa revelação age como o catalisador de uma série de resistências e o nível de engajamento das pessoas que trabalham ao seu lado desaba. Sempre que vejo uma equipe resistente à mudança, olho para o seu gestor e geralmente sua expressão facial revela que ele também não gostaria de mudar e nem apoia o novo paradigma.

Ao mesmo tempo, é fundamental ter em mente que não basta uma grande capacidade de iniciativa. Como postula David Ulrich (2013): "É preciso buscar um processo de mudança sustentável, de forma que os profissionais façam mais do que começar a mudança; eles precisam ser persistentes na manutenção da mudança".

Ou seja, é necessário ter a capacidade de implementar aquilo que foi proposto. Ser um Campeão da Mudança, como Ulrich intitula aquele que consegue executar boas ideias que tempos atrás ainda estavam no papel.

3. Gestor de recursos

Outra importante dimensão que a média gerência deve cumprir tem a ver com a administração dos variados recursos que estão sob seus cuidados. Na prática, significa alocar os insumos disponíveis com o intuito de fazer mais com menos e consolidar uma cultura na qual as pessoas se vejam como responsáveis pelo bom uso de tudo aquilo que a empresa mobiliza buscando o êxito do negócio.

Quem atua em companhias de médio e grande porte, que já têm uma cultura de gestão consolidada e habitualmente avaliam seus líderes com base no conhecido Trinômio do Gerenciamento – custo, tempo e qualidade –, consegue compreender facilmente essa atribuição em seu dia a dia.

Contudo, não se trata de uma marca da média gerência brasileira. Infelizmente ainda é comum encontrarmos empresas que tomam a decisão de melhorar a qualidade de seus produtos sem considerar os impactos no custo de fabricação ou entrega do serviço. Ou então buscam o aumento da produtividade de uma hora para a outra esquecendo que a qualidade do produto final também tem tudo para cair abruptamente. Ou pior, almejam alcançar saltos de qualidade ao mesmo tempo em que buscam a redução de custos.

Um bom gestor de recursos, diferentemente, sabe avaliar quando, como e onde aplicar aquilo que tem em mãos, analisa os riscos existentes em cada alternativa disponível e toma a decisão que considera mais acertada.

O impulso de guardar tudo debaixo da terra

No Evangelho de São Mateus, capítulo 25, versículos de 14 a 30, o escritor bíblico nos conta a Parábola dos Talentos: história do homem rico que teve de viajar e confiou aos seus três principais trabalhadores a fortuna que havia acumulado durante a vida. Nas mãos de um foram depositados cinco talentos (dinheiro da época), o segundo recebeu três e o terceiro ficou com um talento para cuidar.

Logo depois, aquele que recebeu cinco talentos já saiu para negociá-los e ganhou outros cinco, postura semelhante de quem estava com dois e ganhou outros dois. Mas o terceiro, com medo de perder seu único talento, optou por escondê-lo debaixo da terra.

Depois de muito tempo, quando o homem rico retornou, logo pediu a prestação de contas e ficou agradecido com quem havia multiplicado os recursos confiados. No entanto, vociferou veementemente quando o terceiro, desculpando-se, entregou o mesmo talento recebido lá atrás.

Muitos gestores agem de forma semelhante ao trabalhador que teve medo. Acreditam que, garantindo a devolução daquilo que lhes foi confiado inicialmente, estão cumprindo o seu papel, mas esquecem de compreender a visão de quem lhes deu autonomia. A fala do personagem bíblico, ao escutar a justificativa, foi: "Se era para guardar o talento debaixo da terra, então devia ter levado meu dinheiro ao banco e agora eu pelo menos receberia os juros devidos" (Mt 25,27).

É comum que os líderes táticos, temendo gastar seus escassos recursos, adiem investimentos necessários, não promovam colaboradores que há muito tempo confirmam o seu valor – e estão sendo assediados pela concorrência –, deixem de realizar a manutenção preventiva de equipamentos que parecem estar em ótimo estado ou então simplesmente fiquem aguardando a hora certa de entregar o mesmo que receberam só para dizer: "Olha como cuido dos recursos que me são confiados. Não gasto nada desnecessariamente..."

A típica correria de final de ano, época em que muitos gestores, literalmente, torram seus recursos antes do encerramento do exercício somente para ter condições de justificar um orçamento maior ainda para o ano seguinte – ou ao menos evitar a perda de dinheiro para a área – é apenas um dos vários exemplos que poderíamos citar.

Como bem lembra o pessoal da área de projetos: quem gasta menos daquilo que orçou não tem a permissão de posar como um bom administrador; apenas demonstra que projetou mal.

Tipos de recursos

O gestor de recursos considera que todo insumo disponível é finito, precisa ser investido naquilo que dá retorno e sabe que seu desperdício afeta a competitividade da empresa como um todo.

No entanto, quais são, exatamente, esses recursos?

Tempo. É fundamental que o líder tático, mais do que identificar os projetos prioritários e dirigir seu time para executá-los, tenha a capacidade de distinguir as tarefas que não podem esperar daquelas que precisam ser feitas, mas não necessariamente no curtíssimo prazo; saiba lidar com os imprevistos que surgem em sua rotina de trabalho e, ao mesmo tempo, seja hábil com as pessoas na hora em que tiver de dizer não às demandas de baixa relevância.

Dinheiro. Muitas organizações ainda não têm a prática de estabelecer um *budget* anual supervisionado pelo gestor de cada área ou departamento de forma que essas pessoas tenham autonomia para investir seu dinheiro da forma que bem entendem; consequentemente, é comum encontrá-las mendigando migalhas sempre que precisam lançar mão de um projeto qualquer. O fato é que, nesse tipo de empresa, os gestores intermediários devem conquistar o apoio da diretoria financeira provando que a descentralização de parte dos recursos diminuirá os custos da empresa ao longo do ano e que estão preparados para utilizá-los bem e com parcimônia. Para quem já trabalha com um orçamento definido, a orientação é a seguinte: faça com que ele renda o dobro, assim será mais fácil prestar contas ao alto *staff*, como na Parábola dos Talentos.

Materiais e equipamentos. Ainda hoje é comum que muitos computadores fiquem obsoletos nas empresas por falta de simples medidas de conservação, materiais que ninguém usa permaneçam estocados simplesmente porque a compra foi equivocada e alimentos tenham de ser descartados em decorrência do acondicionamento incorreto. Se você trabalha na produção ou logística da sua empresa, os cuidados têm de ser ainda maiores porque é bem provável que muitas das máquinas e veículos valham fortunas e o bom uso deles conte muito na avaliação que outros fazem acerca dos resultados do seu trabalho.

Pessoas. Confesso que classificar os colaboradores como recurso é um tanto ultrapassado, além de fortalecer o olhar mecanicista que tanto tentamos derrubar. Contudo, sempre é bom lembrar que o ativo mais importante de uma empresa são as pessoas, e são elas as responsáveis por cuidar dos demais recursos que fazem a empresa prosperar. Um bom líder tático tem, por prática, alocar os colaboradores naquele tipo de trabalho com o qual se identificam, reconhece publicamente quem é competente na execução das tarefas-chave, valoriza aqueles que compartilham o conhecimento com os novatos e, acima de tudo, remunera com justiça quem pratica os valores corporativos.

Controle e acompanhamento

No cotidiano das organizações, percebo que os gerentes intermediários que melhor cumprem esse papel são aqueles que têm, por hábito, planejar o uso dos recursos. Além disso, adotam ferramentas de controle que facilitam o acompanhamento de tudo aquilo que está sob sua responsabilidade.

Outra medida recorrente dessas pessoas tem a ver com a construção de um histórico que revele o resultado efetivo de suas decisões anteriores. Por exemplo, no primeiro ano em que elas passam a controlar os recursos, sabem que a hora é de aprender e, por isso mesmo, é comum que invistam boa parte do *budget* de publicidade no trimestre errado ou então acabem dirigindo pessoas competentes para cuidar de projetos fadados ao fracasso. Então, no ano seguinte, mais experientes e sabendo o que geralmente dá certo e aquilo que não dá, utilizam a experiência obtida anteriormente para gerir, com eficácia, os recursos de que dispõem.

Capítulo **5**

Papéis-chave na gestão de uma equipe de trabalho

Todo gestor tático que alcança um desempenho excepcional na condução de uma equipe de trabalho sabe que resultados consistentes dependem de três grandes competências complementares:

- a capacidade ímpar de influenciar os liderados diretos a compartilharem a visão de futuro que o orienta;
- a disciplina operacional de cuidar de todos os detalhes que facilitam o alcance do objetivo comum almejado;
- o compromisso permanente de não medir esforços para que seus liderados se tornem novos líderes.

Consequentemente, quem objetiva fazer a diferença na gestão de um time precisa equilibrar uma performance de excelência em três diferentes papéis: **líder**, **administrador** e ***coach***. Vamos discuti-los um a um.

1. O líder

Uma característica comum a todos os gestores táticos bem-sucedidos: eles influenciam os subordinados diretos de tal forma que as pessoas se sentem inspiradas a realizar atividades que jamais acreditariam serem possíveis sem que alguém os impulsionasse à grandeza. Ou seja, na essência, liderar é ter a capacidade de influenciar as pessoas a concretizarem grandes feitos, ainda que os desafios pareçam ser descomunais para quem olha de fora.

No entanto, de onde vem tamanho impacto sobre outros seres humanos? Líderes de alto desempenho fazem com que as pessoas conduzidas por eles se sintam importantes e acreditem que os objetivos pelos quais lutam são significativos. Eles conseguem o compromisso de todos para a excelência.

Para isso, estabelecem um sólido vínculo emocional com os liderados. Se existe uma relação de estreita confiança entre o time de colaboradores e aquele que o dirige, os resultados tendem a aparecer porque as pessoas estão dispostas a fazer tudo aquilo que está ao seu alcance para não desapontarem seu líder. Em contrapartida, se a comunicação é truncada, as pessoas não sentem liberdade de expressar suas opiniões e o gestor se mantém distante do grupo, os reflexos negativos são inevitáveis.

A sua empresa pode, portanto, contratar excelentes colaboradores, pagar-lhes um salário digno, fornecer ótimas condições de trabalho e, ainda assim, constatar que os profissionais pouco retorno dão à companhia. Concordo que não existe um só motivador para problemas dessa natureza, mas algo é certo: quando a relação entre líder e liderado é marcada pela frieza, ninguém se sente motivado a dar o seu melhor.

Ao mesmo tempo, é importante lembrar que não se constrói relacionamentos rapidamente. Se você tem agido como um déspota durante os últimos anos e, de uma hora para outra, miraculosamente passar a dar atenção genuína às pessoas, precisa saber que a velha imagem de carrasco ainda pesará forte durante algum tempo. Os colaboradores até dirão: "*Ele nunca me cumprimentou e agora vem com essa história de tapinha nas costas. Tenho certeza que está querendo alguma coisa, mas a mim não engana!"*

A boa notícia é que as pessoas desejam se aproximar dos seus líderes e manter com eles uma relação sadia; é só dar tempo ao tempo. Continue firme em sua nova postura e daqui a noventa ou cem dias verá que a descrença generalizada praticamente desapareceu.

Construir relacionamentos com os liderados não é tornar-se íntimo deles e sim aproximar-se suficientemente a fim de criar uma atmosfera de respeito mútuo, entendimento e transparência. Você não precisa convidar a equipe para almoçar em sua casa no próximo final de semana; no entanto, é importantíssimo estabelecer um ambiente no qual eles se sintam seguros para expressar aquilo que gostariam, mesmo que de vez em quando o que têm para dizer seja desagradável.

Dentre as ações que certamente contribuirão para que você solidifique laços com os colaboradores, recomendo estas:

- *Crie eventos de sociabilização que aproximem as pessoas (confraternizações e atividades desportivas, por exemplo);*
- *Promova reuniões de trabalho periódicas;*
- *Proporcione um clima organizacional descontraído e produtivo;*
- *Fale de igual para igual com os colaboradores;*
- *Estimule gestos de cordialidade, educação e respeito entre as pessoas;*
- *Elogie o colaborador quando as tarefas são realizadas com êxito;*
- *Ofereça feedback e mantenha-se aberto para também recebê-lo;*
- *Crie empatia com as pessoas interessando-se verdadeiramente por elas e pelo que fazem quando não estão trabalhando;*
- *Compreenda que o outro nem sempre vê o mundo com os mesmos olhos que você;*

- *Ofereça liberdade para que as pessoas exponham ideias e sentimentos;*
- *Estimule e recompense o trabalho em equipe;*
- *Promova a transparência e o respeito às diferenças.*

2. O administrador

Quem exerce o papel tático precisa ter uma excepcional capacidade de administrar as tarefas que lhe são confiadas. Em outras palavras, saber cuidar de tudo aquilo que se refere ao planejamento, organização, direção e controle daquilo que está sob sua responsabilidade, fundamentando os resultados. Gerenciar com eficácia, como diria Peter Drucker.

Por conseguinte, comece a avaliar desde já a sua competência para executar os projetos prioritários no prazo e com o mínimo de recursos, a refletir se é pontual no cumprimento das tarefas rotineiras e analisar até que ponto consegue dar conta de todas as demais responsabilidades que caracterizam as entregas do seu cargo. Um bom administrador equilibra todas essas demandas.

Isso não quer dizer, entretanto, que você tenha sempre que "colocar a mão na massa". Quando orienta adequadamente os membros do seu time para que eles executem aquilo que precisa ser feito, você continua a ser um bom administrador. Em contrapartida, nas vezes em que assume a incumbência de desempenhar um trabalho que não é seu, desvirtua seu papel inadvertidamente.

Como exemplo, vale citar a história de um gerente industrial que conheci algum tempo atrás e tendia a ficar mais ocupado atendendo às chamadas telefônicas que caíam no ramal do departamento do que acompanhando a equipe de cem colaboradores que dirigia. Mesmo capaz tecnicamente, aplicava seu precioso tempo atuando como telefonista.

Outros gestores táticos têm dificuldades para ser administradores por causa do próprio perfil comportamental: são desorganizados e, ainda por cima, não apreciam cuidar dos detalhes. Incomodam-se com aquelas reuniões em que planilhas, quadros de indicadores e análises estatísticas são o pretexto para discussões que consideram intermináveis e improdutivas.

É claro que o pragmatismo, a objetividade e a capacidade de tomar decisões com rapidez são predicados importantes para quem cumpre o papel de administrador na liderança tática. No entanto, também é preciso manter as palavras de Edwards Deming bem frescas na memória: **"O que não pode ser medido, não pode ser gerenciado".**

Os gestores táticos eficazes sabem que não basta motivar as pessoas a alcançarem o pico da montanha. Eles devem atentar-se às questões práticas que envolvem a subida para garantir que o objetivo realmente seja atingido e evitar contratempos que poderiam colocar todos em risco. "As baterias dos rádios-comunicadores estão carregadas?", "O kit de primeiros socorros foi posto na mochila?", "O que a previsão do tempo está informando para os próximos dois dias?" Administradores, portanto, não deixam de andar com um *checklist* ao lado sempre que precisam cumprir seu trabalho.

A seguir, relaciono algumas outras práticas que caracterizam o ato de administrar para quem atua como gestor tático e podem ser adotadas por você:

- *Sente-se com cada colaborador e diga exatamente o que ele precisa fazer;*
- *Explique o objetivo e a importância de cada tarefa crítica;*
- *Forneça treinamento técnico de tempos em tempos;*
- *Providencie o ferramental apropriado para a execução do trabalho;*
- *Utilize uma comunicação clara, objetiva e coesa;*
- *Crie uma política de feedback periódico para todos que trabalham em sua equipe a fim de orientá-los e reorientá-los;*
- *Defina prazos para avaliação dos resultados de projetos e tarefas prioritárias;*
- *Forneça tempo hábil para que as tarefas possam ser planejadas e bem executadas;*

- *Normatize os processos internos e busque o seu aprimoramento contínuo;*
- *Delegue tarefas que possam ser executadas por outras pessoas;*
- *Disponibilize informações corretas para que as pessoas acertem da primeira vez;*
- *Estabeleça processos internos de checagem e correção de problemas;*
- *Crie uma sólida interação entre as diversas áreas da empresa;*
- *Promova reuniões internas periódicas com a equipe;*
- *Crie relatórios semanais de atividades;*
- *Controle indicadores que revelam como você investe os recursos materiais, financeiros e humanos em sua área.*

3. O *coach*

O terceiro e último papel do gestor tático tem a ver com a disposição e a habilidade de promover o desenvolvimento dos colaboradores que trabalham em sua equipe. Muitos deles conseguem garantir a execução das tarefas e construir relacionamentos com o grupo, mas nem sempre retêm bons colaboradores por serem incapazes de consolidar um ambiente de aprendizado contínuo. Não sabem atuar como *coaches.*

No entanto, o que é ser *coach*, que em inglês significa "técnico", dentro do âmbito da gestão tática? É atuar como formador, orientador, mentor e/ou guia de todo aquele que ainda não possui um nível de eficácia individual suficiente para cumprir tarefas de maior complexidade ou apresenta dificuldades para lidar com responsabilidades crescentes.

Dentro desse contexto, praticar *coaching*, portanto, não exige o domínio da técnica de mesmo nome amplamente difundida e sim a capacidade de ampliar o horizonte de domínio técnico ou comportamental de alguém que se encontra em dada situação como um aprendiz.

Cada vez mais os profissionais talentosos – e também os potencialmente talentosos – da sua empresa serão assediados por outras companhias e muitas vezes eles ficarão balançados com propostas de remuneração e benefícios atrativos. Como mantê-los, então? Não é fácil fornecer uma resposta concreta a esta pergunta, pois o assunto é complexo; todavia, muita gente tem recusado ofertas tentadoras de concorrentes porque o modelo de gestão adotado pela empresa onde trabalham – e reforçado pelo gestor direto – lhes dá a certeza de que estão em desenvolvimento.

Elas sabem que aprendem muito ao lado de quem as dirige hoje em dia e acreditam que, pelo menos durante algum tempo, vale mais obter experiências profissionais relevantes do que receber um polpudo salário sem a garantia de que continuarão aprendendo tanto.

Em processos de seleção, por exemplo, é costumeiro que os candidatos já questionem: "Vocês promovem programas de treinamento periodicamente?" ou "A empresa pagará alguns cursos que serão importantes para o meu amadurecimento profissional?" Isso mostra que as pessoas estão cada vez mais preocupadas em fazer a gestão das suas carreiras e não é apenas um bom salário que consideram fator-chave na hora de mudar ou não de empresa.

É claro que um grande número de companhias – com destaque para as multinacionais – adota a estratégia de contratar gente pronta que não demande capacitação constante. Sua isca: altos salários e *status* profissional. Sua exigência maior: rápido retorno do investimento.

Enquanto isto, quem não tem "bala na agulha" para implantar uma política de remuneração agressiva tampouco é uma grife para o currículo do colaborador no curto prazo, sabe que precisa atrair quem ainda não amadureceu profissionalmente e está buscando obter *background*. Sua isca: as inúmeras possibilidades de aprendizado e ascensão na hierarquia organizacional. Sua exigência maior: a disposição do indivíduo para aprender.

Se a sua empresa optou por essa última estratégia e você reconhece seu papel como gestor *coach*, vale a pena praticar boa parte destas ações:

- *Possibilite que os profissionais participem de palestras e treinamentos comportamentais;*
- *Crie um programa de subsídio de bolsas para quem deseja cursar graduação e pós-graduação nas áreas de interesse da empresa;*
- *Incentive maior participação das pessoas na tomada de decisões quando elas podem – ou devem – opinar;*
- *Estimule o aprendizado de novas funções/atividades para que os colaboradores se tornem polivalentes;*
- *Promova a rotação de cargos quando as diferentes funções exercidas na equipe forem complementares ou não houver necessidade de profunda especialização;*
- *Crie oportunidades para o desenvolvimento de carreira dentro da empresa;*
- *Confira autonomia às pessoas que têm comportamento proativo;*
- *Reconheça publicamente o bom trabalho realizado pelo colaborador;*
- *Acompanhe periodicamente o desempenho por meio de avaliações e feedback;*
- *Patrocine viagens a feiras/convenções e visitas de* benchmarking *a empresas de destaque em seu mercado de atuação;*
- *Incentive o autodesenvolvimento.*

Capítulo **6**

Liderando cada subordinado

"Como extrair o potencial máximo de cada membro da minha equipe?" Essa é uma pergunta que sempre surge quando estou ministrando palestras ou cursos de liderança para pessoas que estão à frente de grupos de trabalho e a minha resposta de consultor geralmente não foge ao lugar-comum: "Depende".

Em seu famoso artigo *Life cycle theory of leadership*, publicado em 1969, os cientistas comportamentais norte-americanos Paul Hersey e Kenneth Blanchard abalaram o mundo do *management* com o advento da teoria da Liderança Situacional ao defenderem, com argumentos irrefutáveis, que não existe um modelo ideal de gestão das pessoas e sim estilos que se mostram adequados em contextos específicos.

A questão não se resume, portanto, a ser ditatorial ou democrático, por exemplo, e sim quando, com quem, onde, por que e como atuar dentro de cada situação que se apresenta ao líder. Mas, o que levar em conta na hora de optar por um estilo ou outro? O gestor tático deve seguir três passos:

1º passo) Avalie o contexto

A cultura organizacional, o mercado de atuação da empresa, sua condição econômico-financeira e o modelo de gestão adotado por quem está à frente dos negócios afetam as escolhas do gestor tático e por isso você precisa estar atento a tais fatores na hora que tiver de decidir como atuar. Por exemplo, se você possui uma personalidade liberal e hoje trabalha em uma empresa que passa por dificuldades financeiras, é bem provável que esteja incomodado com a vigilância que o alto escalão impôs aos gastos financeiros da sua área, mas é preciso entender que a situação presente exige atenção aos detalhes. Por outro lado, se você atua em uma companhia que se encontra com as finanças em dia, talvez até veja o alto escalão como perdulário.

2º passo) Diagnostique o nível de maturidade dos liderados

É preciso analisar o grau de capacidade técnica e a motivação de cada uma das pessoas que trabalham em sua equipe, pois a competência para realizar o trabalho necessário e a responsabilização pessoal pelos resultados são exatamente os dois critérios que você deve levar em conta na hora de apreciar a maturidade de quem lidera. Como esses fatores variam, existem quatro diferentes estágios:

Maturidade 1 (M1)	*Baixa capacidade técnica e baixa motivação*	*O indivíduo não possui domínio sobre a tarefa nem demonstra entusiasmo por obter melhorias em sua performance.*
Maturidade 2 (M2)	*Baixa capacidade técnica e alta motivação*	*O colaborador não detém competência para cumprir a tarefa, mas está disposto a desenvolver a habilidade para fazer um trabalho bem feito.*

Maturidade 3 (M3)	*Alta capacidade técnica e baixa motivação*	*O trabalhador tem pleno domínio sobre a atividade a ser executada, contudo não está motivado para cumpri-la por alguma causa.*
Maturidade 4 (M4)	*Alta capacidade técnica e alta motivação.*	*O indivíduo é competente para entregar o resultado necessário e está motivado para fazer o seu melhor.*

Quadro 5 – Níveis de maturidade profissional
Fonte: Adaptado de Hersey e Blanchard (1986)

3º passo) Adote o estilo adequado

Após analisar o contexto e diagnosticar o nível de maturidade de cada um dos liderados, é hora de escolher o estilo de liderança que melhor se encaixa na situação real, ou seja, aquele que fará com que você consiga extrair o máximo desempenho de cada uma das pessoas no momento presente e, além disso, criar um ambiente de trabalho convidativo ao desenvolvimento para que os novos desafios, que logo surgirão, possam ser enfrentados.

Os estilos possíveis

Existem basicamente quatro estilos de liderança que podem ser abraçados pelos gestores táticos enquanto lideram cada membro de sua equipe de trabalho. São eles: o **autocrático**, o **democrático**, o **paternalista** e o **liberal**.

Nestas próximas páginas vou apresentar qual contexto e nível de maturidade exige a aplicação de cada um deles a fim de que você possa utilizar o "remédio" correto na hora certa. Contudo, é preciso ter em mente que variar os estilos não é nada simples, ainda mais porque a sua personalidade, o tipo de educação que recebeu em sua família e as experiências profissionais que acumulou ao longo da carreira tendem a direcioná-lo fortemente para apenas um deles.

É preciso, portanto, permanecer atento às suas atitudes para não se tornar escravo de hábitos enraizados há anos e que o conduzem a um estilo que funciona algumas vezes, mas se revela totalmente inadequado sempre que você precisa lidar com diferentes contextos. Ser o tempo todo autocrático, democrático, paternalista ou liberal é o primeiro problema a ser evitado.

1. Estilo autocrático

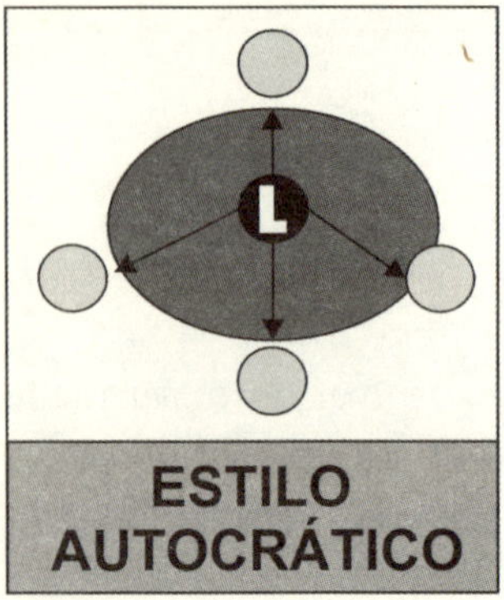

O gestor autocrático típico é aquele que direciona o seu foco para as tarefas e tem por hábito tomar as decisões sozinho, sem ouvir as opiniões dos liderados. Muitas vezes centralizador, possessivo e controlador, é adepto do ditado "manda quem pode, obedece quem tem juízo".

Nesse estilo, portanto, o líder tático impõe as suas ordens e vontades, tendo como principal objetivo manter sob controle direto todos os passos dados pela equipe. Geralmente não comunica os motivos de suas decisões e não cultiva um relacionamento aberto com o grupo, impossibilitando a existência de uma relação de confiança.

Nem sempre fala bruscamente e é desrespeitoso com as pessoas, mas a sua postura intimidatória faz com que elas se sintam inseguras quando têm de comunicar más notícias ou é preciso confrontá-lo para resolver problemas. Resultado: acaba não sendo subsidiado com informações que poderiam ajudá-lo na tomada de decisão porque os liderados temem represálias.

Seu *habitat* natural são aquelas companhias adeptas de uma cultura de comando e controle, empresas familiares nas quais o fundador não abre mão de decidir tudo sozinho e instituições públicas arcaicas que apreciam pessoas do tipo "Don Corleone".

Aplicando o estilo diretivo – o lado bom do perfil autocrático

Talvez a descrição anterior carregue alguns requintes de crueldade em face daquilo que vou descrever na sequência, mas a verdade nua e crua é que, se você atuar o tempo todo e com qualquer liderado de modo autocrático, é exatamente assim que será visto pelas pessoas: como um déspota.

Contudo, se tem por hábito centralizar a tomada de decisões e controlar o desempenho das pessoas de perto apenas quando os colaboradores em questão não têm competência técnica nem estão motivados a realizar determinada tarefa – apresentam, portanto, grau de maturidade 1 –, ninguém o chamará de autocrático. Neste caso, será visto como um **gestor diretivo**.

O mesmo ocorre nas situações em que você gostaria de escutar o time, mas precisa posicionar-se rapidamente porque o problema que enfrenta é crítico e ainda requer uma tomada de decisão urgente. Neste caso o líder precisa responsabilizar-se pela escolha de um dos caminhos e contar com a sua competência individual para alcançar o resultado desejado.

Quem assume todas as decisões, em qualquer circunstância, atua, portanto, como autocrático, ao passo que aquele que age dessa forma quando o contexto exige que o gestor arque com os riscos integralmente, ou quando percebe que os liderados não têm capacidade nem interesse em contribuir, está sendo diretivo.

Também cabe destacar que os próprios liderados com este perfil (baixa competência técnica e baixa motivação) anseiam ser dirigidos com ordens diretas, simples e claras; assim, não precisam pensar no que deve ser feito e podem concentrar-se apenas na atividade propriamente dita. Ou seja, ao adotar um estilo autocrático eficaz, o líder respeita as limitações das pessoas e procura extrair o melhor delas naquele exato momento.

2. Estilo democrático

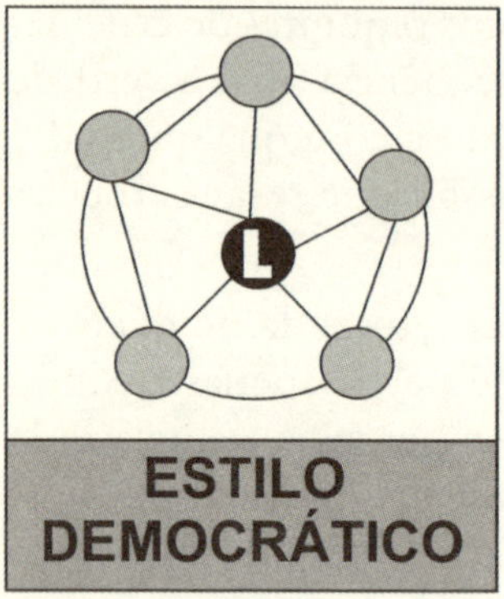

Líderes democráticos são aqueles que possibilitam às pessoas participarem das tomadas de decisão que as afetam direta ou indiretamente. Quem encoraja os liderados a expressarem suas opiniões e está interessado por escutá-los.

Todavia, é preciso ficar bem claro que ser democrático não implica o compromisso de satisfazer os anseios da equipe ou escolher o caminho recomendado por ela. Uma coisa é conservar a disposição e o interesse de ouvir aquilo que as pessoas têm a dizer e outra bem diferente é fazer o que pedem; afinal, nem sempre os membros do seu time dimensionam as consequências daquilo que desejam. Mais: se soubessem no que resultaria as suas solicitações, nem pediriam.

É por isso que alguns líderes pretensamente democráticos acabam vistos como fracos. Seu problema é buscar a aprovação das pessoas a cada passo que dão, quando deveriam saber que liderar é correr riscos e ter a capacidade de suportar a insatisfação momentânea das pessoas que foram desacomodadas por suas decisões.

Liderar de modo democrático, consequentemente, não é assumir para si o papel de "ouvidor de queixas" ou "executor de todas as ideias do grupo", mas compreender que o espaço de escuta precisa existir; caso contrário, é quase certo que as pessoas ocultarão seus erros com medo de serem castigadas, deixarão de utilizar sua criatividade para encontrar soluções e manterão um baixo engajamento.

Aplicando o estilo treinador – o lado bom do perfil democrático

O estilo democrático é recomendado para aquelas situações nas quais o líder tático conta com pessoas que, mesmo apresentando grande motivação para o trabalho a ser feito, não entregarão resultados expressivos no curto prazo por ainda carregarem *gaps* em termos de capacitação técnica.

Exata descrição dos profissionais que apresentam grau de maturidade 2 (M2) e precisam receber treinamento para se desenvolver. Mas não pense que me remeto simplesmente àquele tipo de instrução técnico-normativa que muitas vezes a pessoa deve receber, mas a algo que só um *coach* ou mentor fornece, na prática.

Explico: o profissional M2 precisa trabalhar com um líder que o desafie a encontrar as respostas no dia a dia e não com alguém que lhe dê tudo pronto. Como o M2 está motivado, quando você o instiga a resolver determinado problema e lhe dá as coordenadas gerais, não tenha dúvida de que, cedo ou tarde, ele mesmo encontrará a resposta.

O problema é que, muitas vezes, as empresas não são bons lugares para desenvolver pessoas e, ainda pior, algumas delas são ótimas em transformar profissionais M2 em M1. A pessoa até chega motivada na companhia, mas algum tempo depois é fácil ver que seu entusiasmo arrefeceu por causa da forma como é conduzida por seus líderes diretos.

Colaboradores que estão em processo de aprendizado vivenciam diariamente a necessidade de tomar decisões que são inéditas para si e precisam de alguém que lhes diga o "porquê" deste ou daquele procedimento. Requerem **líderes treinadores** que saibam escutálos enquanto relatam as dificuldades enfrentadas e que tenham a real consciência de que fornecer previamente a resposta certa nem sempre é a melhor saída.

Isso não quer dizer que você tenha que deixá-los fracassar a toda hora, mas que de vez em quando é importante treiná-los a lidar com novos problemas e possibilitar que cometam erros num ambiente controlado para que falhas absurdas não ocorram adiante.

Portanto, você acerta em cheio adotando o estilo democrático se age como um facilitador do desenvolvimento das pessoas que não têm grande experiência na tarefa em questão, mas demonstram energia suficiente para aprender tudo aquilo que está disposto a transmitir-lhes.

3. Estilo paternalista

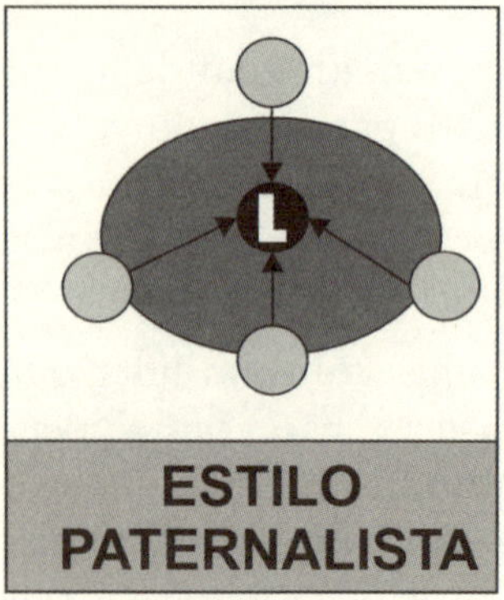

A liderança paternalista é aquela na qual o líder toma para si o papel de proteger os liderados que trabalham ao seu lado por vê-los como incapazes de solucionar os problemas que aparecem e, especialmente, acreditar que a sua presença é indispensável quando um trabalho qualquer precisa ser bem feito.

Consequentemente, é comum que os paternalistas tenham um perfil centralizador, acreditem que as respostas certas só poderão vir deles mesmos e se sintam abarrotados pelas mais diversas solicitações advindas de sua trupe de colaboradores dependentes. Isso, porém, não os incomoda – mesmo quando declaram estar insatisfeitos com a grande carga de trabalho – porque equivocadamente se veem como super-heróis.

Como efeito colateral, seus liderados não se desenvolvem, pois são pouco desafiados por aqueles que deveriam confrontá-los. Pior: acomodam-se porque já se acostumaram a trabalhar com um gestor que lhes socorre sempre que algo dá errado. Mesmo que o preço a pagar sejam reprimendas públicas do tipo: "Eu quero ver o que vai acontecer com vocês quando eu não estiver mais por aqui..." ou "É incrível como vocês não fazem nada certo se eu não acudi-los..."

O paternalista equivocado entende, portanto, que apoiar a equipe é executar o trabalho das pessoas que não dão conta do desempenho esperado e ter todas as respostas prontas sempre que alguém lhe questiona alguma coisa, além, é claro, de sentir-se supremo e insubstituível.

Aplicando o estilo apoiador – o lado bom do perfil paternalista

Uma coisa é ter um espírito paternalista e outra bem diferente é atuar de modo paternalista quando a situação exige. E já que qualquer estilo tem seu momento, sempre que você estiver diante de colaboradores com competência técnica para realizar uma tarefa, mas desmotivados a cumprirem seu papel – profissionais de maturidade 3 –, este é o *modus operandi* indicado.

Em muitas situações, você terá de liderar pessoas que sabem fazer o trabalho, mas, por um ou outro motivo, não se dedicam a ele com afinco. Gente que domina um processo X, mas que se nega a fazê-lo ou o cumpre com má vontade.

Esse baixo empenho pode ter origem tanto em fatores relacionados ao trabalho (relacionamento desgastado com o chefe, expectativa de promoção não confirmada e falta de novos desafios para a carreira, por exemplo) quanto àquilo que diz respeito a outras searas da vida (finanças domésticas desequilibradas, processo de divórcio, familiar adoentado etc.).

Ser um paternalista com adequação é fornecer o **apoio emocional** que o profissional M3 precisa naquele momento para recuperar o empenho já demonstrado anteriormente; afinal, boa parte dos M3 de hoje foram M4 ontem. E como se faz isso? Com uma boa conversa e demonstrando profundo interesse pelos sentimentos e motivos que o indivíduo relata ao apresentar seu ponto de vista.

Infelizmente, muitos gestores não conseguem desempenhar esse papel porque mantêm uma relação superficial com seus colaboradores. Jamais se interessam por aquilo que acontece com essas pessoas assim que saem dos escritórios ou fábricas. É claro que você não tem de ser o terapeuta dos seus liderados, mas é importante que eles o vejam como alguém confiável e que os reconhece como seres humanos.

Além disso, ao partilhar ideias, promover discussões, apoiar determinadas iniciativas, facilitar a concretização de projetos e possibilitar às pessoas participação na tomada de decisões, o líder cria uma atmosfera na qual os colaboradores sentem que seu trabalho realmente faz a diferença. Isso restaura a automotivação e o empenho individual, de forma que os colaboradores voltam a se comprometer profundamente com a empresa e a entregar aquilo que têm de melhor.

4. Estilo liberal

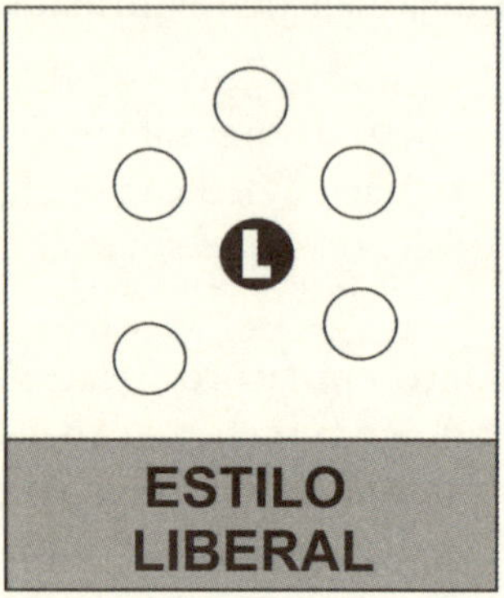

O estilo liberal de liderança, também conhecido pela expressão francesa *laissez faire* (deixai fazer), é aquele em que o gestor tático quase não se envolve com a orientação das atividades rotineiras dos seus funcionários, exercendo uma influência mínima nos resultados de curto prazo.

Nesse sentido, adotando uma postura liberal clássica, o líder prefere atuar de modo antagônico ao paternalista: concede grande autonomia aos liderados para que eles mesmos tomem as suas próprias decisões e ainda investe pouco tempo na orientação específica das pessoas.

É por isso que, em algumas empresas de cultura burocrática, líderes com esse perfil acabam sendo desligados sumariamente. Eles são vistos como *fardas vazias*: gestores que não orientam, não coordenam, nem facilitam o desenvolvimento das pessoas dentro do modelo que a organização compreende ser o certo a fazer.

Já as companhias de cultura de empoderamento adoram contratar gente com esse perfil. Líderes que concedem espaço para que as pessoas utilizem seu potencial criativo, resolvam os problemas que aparecem e tomem a iniciativa sempre que estão diante de um novo desafio.

Aplicando o estilo delegativo – o lado bom do perfil liberal

Sempre que você estiver diante de profissionais com maturidade 4, isto é, alta capacidade técnica e alta motivação para realizar determinada tarefa, procure ser **delegativo**. Dê autonomia para que eles façam aquilo que você sabe que podem fazer.

Isso não quer dizer que você deva abandoná-los, mas, sem dúvida alguma, dirigir sua atenção prioritariamente para os colaboradores que apresentam maturidade 1, 2 ou 3. Enquanto isso, deixe seu profissional M4 mostrar o valor que tem.

No entanto, é preciso ter muito cuidado ao aplicar esse estilo: a pessoa não está M4 em tudo. O mesmo profissional que demonstra destreza e empenho em uma tarefa, pode ser totalmente ineficaz e apresentar baixa motivação em outra. Ou seja, a pessoa pode apresentar um grau de maturidade M4 em uma tarefa "x" e M1 em outra "y".

Atentar-se para isso não é nada simples. Vários gestores com os quais trabalhei encaravam seus melhores colaboradores como seres integralmente M4 e depois ficavam desapontados com o baixo rendimento apresentado em determinadas tarefas sem se darem conta de que eles – os gestores – é que estavam errando ao não adotarem o estilo correto com os indivíduos em questão.

Da mesma forma, aquele colaborador que hoje você vê como M1 ou M2 também apresenta áreas de competência nas quais é possível conceder-lhe uma autonomia maior. Se você acompanhá-lo mais de perto e se desarmar dos preconceitos, certamente constatará essa realidade.

O líder camaleônico

Como você pôde notar, não há um estilo perfeito e que possa ser aplicado a qualquer situação ou tipo de pessoa. Por conseguinte, você terá de atuar como um camaleão, adaptando a sua forma de agir a cada liderado e aos diversos contextos que surgirem em sua caminhada rotineira, conforme a figura que sintetiza a Liderança Situacional apresentada na sequência:

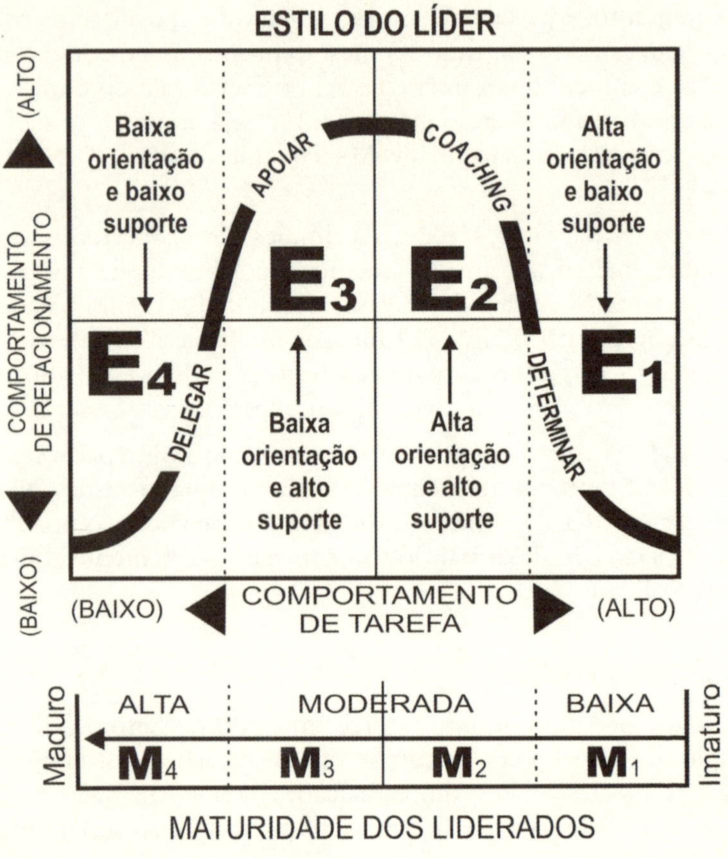

Quadro 6 – Liderança situacional
Fonte: HERSEY, Paul & BLANCHARD, Kenneth H. *Psicologia para administradores: a teoria e as técnicas da liderança situacional*. São Paulo: EPU, 1986.

Trata-se de um desafio considerável, pois ao mesmo tempo em que se depara com a necessidade de repreender determinada pessoa, também terá de delegar tarefas a outros e apoiar emocionalmente aqueles que se encontram desmotivados. Quem trata igualmente colaboradores que apresentam maturidade emocional e competência técnica muito diferentes é injusto com vários deles e, ainda por cima, não ajuda a desenvolver aqueles que necessitam de uma atuação específica do líder.

No entanto, a mudança no estilo da liderança, quando necessária, não é uma escolha do líder, mas um claro reflexo da capacidade de desenvolvimento real do indivíduo. Ao amadurecerem, as pessoas permitem que o líder seja mais liberal; contudo, se elas não avançam, como ele poderia soltar as rédeas e ainda esperar bons resultados?

Para qualquer líder tático, atuar de modo camaleônico ou situacional é uma competência que exige três habilidades centrais:

- **Capacidade de fazer um bom diagnóstico das pessoas.** Saber avaliar corretamente o nível de maturidade dos colaboradores em cada tarefa que desempenham;
- **Flexibilidade para utilizar os diferentes estilos.** Conseguir variar seu modelo de gestão à medida que os liderados caminham para outro nível de maturidade;
- **Transmitir o interesse de parceria.** Demonstrar aos colaboradores que se preocupa genuinamente com eles e comprometê-los no processo de capacitação para que o desempenho evolua.

Estilo Rígido *versus* Estilo Situacional

No quadro abaixo você consegue ter a exata noção das consequências de se adotar uma liderança inflexível em comparação com quem aplica o estilo adequado a cada contexto e grau de maturidade dos liderados. Portanto, um resumo daquilo que abordei nas páginas do capítulo:

Estilo rígido

Quem geralmente...	Quando as pessoas têm maturidade...	Atua como...	Despertando sentimentos, como...
Procura explicar em detalhes aquilo que quer que os liderados façam.	M2, M3 e M4	Autocrático	"Ele decide tudo sozinho. Nunca podemos dar a nossa opinião."
Estimula as pessoas a manifestarem suas opiniões.	M1, M3 e M4	Democrático	"Ele parece que quer que façamos o trabalho dele. Não decide nada sozinho!"
Fornece apoio e suporte aos colaboradores enquanto o trabalho é executado por eles.	M1, M2 e M4	Paternalista	"Ele sempre reclama que temos de fazer nosso trabalho sem depender dele, mas na hora que algo dá errado costuma nos atropelar."
Deixa que os liderados tomem as decisões e pouco interfere na rotina de trabalho do time.	M1, M2 e M3	Liberal	"Ele nunca está por perto na hora em que os problemas aparecem."

Quadro 7 – Práticas dos líderes inflexíveis

Estilo situacional

Quem geralmente...	Quando as pessoas têm maturidade...	Atua como...	Despertando sentimentos, como...
Procura explicar em detalhes aquilo que quer que os liderados façam.	M1	Diretivo	"Ainda bem que ele diz exatamente o que quer e facilita o meu trabalho!"
Estimula as pessoas a manifestarem suas opiniões.	M2	*Coach*	"Ele nos escuta e temos a oportunidade de participar de boa parte das decisões."
Fornece apoio e suporte aos colaboradores enquanto o trabalho é executado por eles.	M3	Apoiador	"Ele se importa conosco de verdade e me sinto apoiado emocionalmente."
Deixa que os liderados tomem as decisões e pouco interfere na rotina de trabalho do time	M4	Delegativo	"Ele me concede autonomia para trabalhar e acabo sendo um pouco 'dono da empresa'".

Quadro 8 – Práticas dos líderes situacionais

Capítulo **7**

Como influenciar outros líderes táticos

Muitos líderes táticos costumam dizer que o seu desafio profissional número um é influenciar os superiores diretos e não podemos duvidar de que vários deles realmente enfrentem grande oposição de quem deveria ser o seu principal sustentáculo na empresa (vide o capítulo 8 – “A relação com o nível estratégico”). Todavia, na maior parte das vezes, exercer ascendência sobre os pares tende a ser uma tarefa ainda mais árdua, especialmente se você atua em uma empresa de cultura burocrática.

Como não há subordinação formal entre pares, é relativamente fácil outro coordenador ou gerente dizer não ou fazer pouco caso em relação àquilo que você lhe pede quando crê que não vale a pena fornecer suporte ao seu trabalho. Da mesma forma, tampouco arcará com grandes consequências mais adiante, sendo pouco colaborativo no momento presente.

Para piorar, a resistência geralmente não é declarada. Você a sente quando a pessoa demora dois dias para responder a um e-mail que só exige cinco minutos, não comparece a uma reunião na qual a presença dele era imprescindível e só avisa em cima da hora, evita conflitos sempre que você solicita um posicionamento acerca de alguma questão polêmica ou ignora o *feedback* que deu sobre o fraco desempenho de um subordinado dele que é cliente interno da sua área.

Por que, afinal, esse tipo de situação ocorre em boa parte das organizações?

A inveja na média gerência

A doutrina do sucesso pregada no mundo do trabalho contemporâneo impulsiona as pessoas a buscar prestígio social e o reconhecimento de terceiros, mas também traz consigo um efeito colateral indesejado para quem ocupa o papel tático de fazer acontecer: o êxito de um líder geralmente desagrada a muitos outros indivíduos, sobretudo seus pares.

A acirrada disputa pela atenção do alto *staff* e pelos poucos cargos de gestão estratégica disponíveis na hierarquia organizacional faz com que muitas pessoas que atuam na média gerência, por exemplo, compreendam o sucesso de um igual como prova inequívoca do seu próprio fracasso. Assim, a repulsa vem com força.

Quadro diferente daquele visto no nível operacional, em que a briga pelo poder é bem menor, os interesses são reconhecidamente próximos, as pessoas procuram proteger umas às outras, gestos de companheirismo fazem parte da rotina de trabalho e a demissão de um colega é sentida de verdade pelos demais líderes.

Já no nível estratégico, a disputa pelo poder não serve como grande motivador das pessoas, pois ele já foi conquistado. Consequentemente, a inveja não é um problema tão crítico quanto aquele enfrentado por quem desempenha um papel de média gerência e ainda pretende galgar posições superiores na estrutura organizacional.

Mas, o que pode ser considerado inveja e o que a diferencia de outros sentimentos, como ciúme e cobiça?

Ciúme diz respeito ao medo de perder algo que se possui. Nas companhias, um exemplo é o daquele líder tático que fica extremamente incomodado quando vê alguém da sua equipe falando com outro gestor intermediário e logo pergunta: "O que é que vocês estavam conversando? Eu já disse que não gosto dessa intimidade que você tem com Fulano de Tal..."

A inveja também é bastante confundida com a cobiça, mas esta é o desejo veemente de possuir algo que ainda não se tem. É o caso daquele líder que vive assediando os colaboradores das outras áreas para atuarem no seu departamento ou sonha com uma sala de trabalho igualzinha àquela do gerente de projetos.

A inveja diz respeito ao sentimento de tristeza com as conquistas do outro. O desprazer de constatar que alguém é melhor do que ele próprio em algum campo da vida, material ou não. A insatisfação que logo vem à mente ao saber que determinado coordenador ganhou um aumento de salário ou foi convidado a tocar aquele projeto de alta complexidade que o invejoso também almejava.

O jornalista Zuenir Ventura, em seu livro *Inveja – O Mal Secreto* (1998), resume a diferença dos três sentimentos na seguinte frase: **"ciúme é querer manter o que se tem; cobiça é querer o que não se tem; inveja é não querer que o outro tenha"**.

Também é preciso destacar que a inveja geralmente é dirigida àqueles que estão mais próximos. As pessoas não se incomodam com o sucesso de quem não conhecem ou do novo astro de Hollywood que já ganha milhões e sim com as conquistas do vizinho, de um parente próximo ou do gerente da empresa que acaba de sair na capa de uma revista.

Aliás, no nível tático, quando alguém se destaca, é comum que as pessoas fiquem ressentidas acreditando que o indivíduo em questão sobressaiu injustamente e em detrimento do grupo. Ou seja, além de se dar bem, é um traidor. A partir do momento em que tal "verdade" se estabelece, não espere boa vontade com o líder em questão, mesmo que isolá-lo signifique prejudicar a companhia como um todo.

Os tipos de inveja

Segundo o médico psicanalista Alberto Goldin (*apud* TOMEI, 1994), existem três tipos possíveis de inveja: a **sublimada**, a **neurótica** e a **perversa**.

O invejoso sublimado é aquele mais comedido, que guarda o sentimento para si, admite seus limites e tenta aproveitar os talentos dos outros. Nesse caso, ele raciocina sobre os fatos e, no fim, consegue reconhecer os méritos daquele a quem inveja. Dialoga consigo mesmo: "Como eu odeio a capacidade que ela tem de atingir as metas todo mês. O que será que a Maria faz para chegar sempre tão longe?"

A inveja neurótica pertence àquele que a sente o tempo todo, porém não tem uma índole ruim. Essa pessoa acumula um sentimento de raiva por acreditar que está sendo alvo de injustiça, porém guarda para si a ira e as dores de estômago sempre que presencia o sucesso do colega. Trata-se, portanto, de alguém que se esforça para conviver com o seu sofrimento e acaba se tornando a maior vítima do ressentimento. "Não gostaria de falar mais com ele, mas como não tenho poder para demiti-lo, vou suportando do jeito que dá", raciocina.

Quando a inveja é a do tipo perversa, é melhor ficar atento, pois a pessoa procura bloquear todas as expressões de criatividade, beleza ou talento que aparecem à sua frente. Vive para desmerecer aquilo que o invejado faz de bom, mesmo que esse tipo de atitude bloqueie o seu próprio caminho de crescimento e crie inimigos nas mais diferentes esferas. Reflete: "Se a condição para eu ganhar um aumento de salário é ela também recebê-lo, então prefiro continuar com a mesma remuneração".

Não é fácil reconhecer esse sentimento infernal, menos ainda admiti-lo. Geralmente os líderes táticos que têm inveja insistem em chamá-la de opinião ou razão por não conseguirem reconhecê-la nem perceberem os prejuízos que causam a si próprios e àqueles que trabalham próximos deles.

Por isso, é fundamental buscar autoconhecimento o quanto antes e também prestar atenção nas posturas comuns do dia a dia.

Se você perceber que apresenta muitos comportamentos típicos do invejoso e quer combatê-los, o primeiro passo é reconhecê-los e o segundo é buscar ajuda especializada (um psicoterapeuta, por exemplo).

Ao mesmo tempo, não deixe de adotar ações que geralmente ajudam a diminuir o sentimento de inveja que outros gestores médios poderão ter em relação a você. Vamos conversar um pouco a respeito de algumas delas.

Boas práticas

Se você quer obter o apoio daqueles que estão à sua volta durante a implantação de boas iniciativas ou, no mínimo, não cultivar inimigos que poderão provocar muitas dores de cabeça, é recomendável seguir algumas práticas:

- **Não reivindique a autoria.** Não torne a mudança organizacional uma vitória pessoal ou da sua área. Muitas vezes, vejo que alguns projetos não vão para frente porque seus idealizadores ficam papagaiando a autoria, quando deveriam fazer com que ela fosse vista como um empreendimento de todos. Quem adora os holofotes não cria um clima colaborativo junto aos pares.
- **Procure engajar as pessoas**, especialmente seus pares, desde o início dos projetos. A partir do momento em que você consegue comprometer os demais líderes táticos para aquilo que precisa ser feito, é muito mais difícil algum deles tomar qualquer iniciativa de boicote ao trabalho, afinal, também estaria punindo a si próprio. Para isso, procure garantir que as pessoas realizem um trabalho significativo – sob a perspectiva delas – e encontre formas de recompensá-las emocionalmente pelos resultados.
- **Identifique possíveis focos de resistência.** Antes de qualquer ação, é imprescindível saber muito bem o perfil de cada um dos seus pares para perceber logo quem poderá se opor – direta ou indiretamente – aos projetos que conduz ou,

literalmente, "não vai muito com a sua cara". Na sequência, convide esses líderes táticos para conversar, esclareça os mal-entendidos que existirem, escute com interesse aquilo que eles têm a dizer e solicite o apoio de que você tanto precisa. Agir humildemente com quem logo se opõe às suas iniciativas é a melhor forma de torná-los grandes aliados no futuro.

- **Não tente ser reconhecido como o melhor de todos.** Se você começa a aparecer demais e é alvo de constantes elogios dos superiores, é bem provável que seus pares o isolem e ainda sejam pouco colaborativos dali em diante. Mesmo quando é merecedor do amplo reconhecimento que vem de cima, manter a humildade e compartilhar o êxito pelos feitos com os pares faz com que eles não o vejam como adversário e ainda aceitem ser liderados informalmente por você.
- **Evite querer sempre ter razão**, pois ninguém gosta de quem se apresenta como "dono da verdade". Mesmo que você esteja certo, de vez em quando é necessário recuar nas pequenas coisas para poder, futuramente, avançar nas grandes. Dar a oportunidade dos demais líderes táticos também sentirem o prazer de guiá-lo, em vez de cultivarem a crença de que você é injusto e faz de tudo para inferiorizá-los.

Portanto, quem ocupa um papel tático precisa não só transmitir aos pares o famoso "tamu junto". Também deve demonstrar que não quer vencer sozinho nem tampouco à custa do insucesso de quem tem atribuições ou responsabilidades semelhantes. Resumindo: equivale a estar disposto a chorar os insucessos e a partilhar os êxitos com quem é igual.

Capítulo **8**

A relação com o nível estratégico

Aquele que ocupa uma posição formal de liderança tática não detém poder supremo para mandar e desmandar, pois está subordinado ao nível estratégico da companhia e, como essa relação nem sempre é sólida e equilibrada, muitas vezes a média gerência não consegue realizar o trabalho que deveria ou gostaria de fazer.

Em algumas oportunidades, trabalhei com gestores que prejudicaram o seu relacionamento com o alto *staff* por conservarem uma visão totalmente equivocada. Acreditavam que qualquer tentativa de aproximação com os superiores seria vista como subserviência, assim, preferiam manter distância daqueles que mais poderiam patrocinar o sucesso do seu trabalho.

É claro que, nas empresas de cultura burocrática, geralmente é mais difícil estabelecer laços com quem está no topo da pirâmide porque há o interesse de manter os demais níveis um pouco distantes. No entanto, essa realidade está mudando em boa parte das organizações que, até pouco tempo atrás, se orgulhavam por conservar um modelo de gestão arcaico e a maior parte dos líderes táticos que trabalham nesse tipo de ambiente têm apresentado dificuldades para captar o novo paradigma.

O sucesso da média gerência hoje passa, necessariamente, pela proximidade com quem dirige as ações de longo prazo da companhia porque, diante de um ambiente de rápidas e intensas mudanças, não adianta conservar ótimas intenções se você caminha pela estrada errada, se investe o seu tempo em coisas que antigamente faziam diferença e hoje já não ajudam a conferir vantagem competitiva alguma ao lugar onde trabalha.

No cotidiano, é comum percebermos que alguns líderes táticos vão mais longe porque se esforçam para se aproximar do nível estratégico mediante as três ações seguintes:

1. ***Captam as reais necessidades e expectativas do topo;***
2. ***Conseguem ser reconhecidos como confiáveis;***
3. ***Conquistam autonomia para tomar as mais diferentes decisões.***

1º passo) Alinhamento com o topo

Antes de buscar o patrocínio da alta administração e uma boa dose de autonomia, é importante que o líder tático compreenda as expectativas dos superiores diretos em relação ao seu trabalho e consiga transmitir, de forma inequívoca, que fará de tudo para chegar lá. Ou então, é bem provável que ele acabe despendendo enormes esforços para cumprir algumas tarefas pouco relevantes, sendo visto como desfocado e, ainda por cima, não obtendo reconhecimento por aquilo que produziu. A famosa história de acertar o alvo errado.

Para evitar esse tipo de desentendimento não há outra saída senão cultivar uma comunicação franca com o pessoal de cima, pactuar muito bem as atribuições-chave do seu papel e o tipo de suporte que precisará receber deles e compreender exatamente quais resultados específicos deverão ser atingidos por você. Isso significa ter clareza quanto às seguintes questões:

- *Quais as metas que preciso atingir e até quando?*
- *Qual o nível de autonomia existente? Até aonde posso ir?*

- *Quais recursos serão disponibilizados para executar o meu trabalho?*
- *Quando conversaremos a respeito dos resultados?*
- *Quais indicadores serão utilizados na avaliação geral do meu trabalho?*

Infelizmente, ainda é comum encontrarmos líderes táticos que elaboram seus planos de trabalho tendo por base apenas aquilo que eles mesmos julgam ser prioritário, isto é, sem *brifar* com o topo. Alguns agem assim porque preferem errar a mostrar suas vulnerabilidades. Outros, pior ainda, ignoram qualquer tipo de percepção que venha da diretoria por considerá-la ultrapassada ou desconectada da realidade. Nos dois casos, o gestor toma para si a decisão integral de escolher o caminho que acredita ser o correto e arca com as consequências, especialmente quando as coisas dão errado.

Rebeldia e papel tático, porém, não combinam. É cada vez mais comum encontrarmos líderes que manifestam um ponto de vista contrário àquilo que a diretoria prega sob a égide da comunicação franca e transparente, mas só servem de megafone para os pares que preferem não arriscar a sua cabeça e ainda ganham a alcunha de desalinhados. O nível tático precisa abrir o jogo para o topo quando as coisas não vão bem e necessitam de mudança, mas isso precisa ser feito na hora e no local adequados. E da forma certa.

Além disso, é preciso compreender: para o superior imediato, você só transmite alinhamento quando e se o trabalho que faz o ajuda a realizar o dele. Ou seja, a partir do momento em que prioriza aquilo que seu chefe considera importante de verdade.

Mas convenhamos, que é muito difícil fornecer esse tipo de apoio estratégico se o relacionamento entre vocês é formal demais, se pairam dúvidas em sua cabeça sobre as metas-chave que o seu chefe precisa cumprir ou se tem por hábito apresentar apenas problemas em vez de propostas ou soluções.

Mostra alinhamento, consequentemente, quem exerce a liderança servidora para o alto (USEEM, 2002). Assume a responsabilidade por aquele tipo de trabalho que ninguém da equipe quer fazer ou então resolve as questões que envolvem pessoas com os quais o seu gestor não se dá bem. Repito: dá suporte ao chefe e faz com que ele se sinta apoiado quando precisa lidar com algo que o incomoda.

Conheço um gerente de RH que se tornou o conselheiro informal do CEO em sua empresa exatamente por isto: conseguir captar as necessidades não declaradas do *big boss*. O engraçado é que os quatro diretores se esgoelam para conseguir a atenção do CEO, mas não têm metade da credibilidade que o tal gerente alcançou com as suas "tacadas certas".

No entanto, é bom lembrar que mesmo quem faz de tudo para se manter alinhado com o nível estratégico pode se sentir confuso de vez em quando. Como o cenário mercadológico muda o tempo todo nas companhias, quem deixa de reconfirmar as expectativas e não acompanha periodicamente os rumos da estratégia corporativa acaba tendo problemas para entender e apoiar algumas decisões do alto *staff* que parecem ser paradoxais. Portanto, conserve suas antenas ligadas permanentemente.

2º passo) Tornar-se confiável

Confiança, como cita Pedro Mandelli em seu livro *Muito Além da Hierarquia* (Editora Gente), é a crença de que as demais pessoas de quem dependemos irão cumprir as nossas expectativas. E pode ter certeza de que, para que o relacionamento entre líderes táticos e gestores estratégicos se consolide, confiança é fundamental.

Mas como saber se o chefe realmente confia em você? É simples! Basta analisar o quanto de controle ele exerce sobre as suas atividades. Quando um gestor se sente inseguro em relação a alguém, a medida corriqueira é aumentar o domínio sobre a pessoa em questão para que seja possível diminuir os riscos de algo sair errado.

Por conseguinte, é necessário ficar atento ao nível de autonomia concedido. Se você tem espaço para expor seus pontos de vista, pode escolher o caminho a ser trilhado para chegar aos objetivos e até mesmo promover mudanças que julgar convenientes no meio de um projeto, tenha certeza de que seu superior lhe dá crédito. Por outro lado, se autonomia não é uma palavra que faz parte do seu repertório, você costumeiramente recebe orientações que lembram um passo a passo, precisa fazer relatórios minuciosos para tudo e é cobrado por cada tarefa, é melhor tentar entender logo por que não está sendo digno de confiança.

Além disso, sempre é bom lembrar que ninguém conquista credibilidade perante outra pessoa de uma hora para a outra e, mesmo assim, um único deslize pode ser suficiente para que o elo com o superior se quebre e a sua permanência na companhia torne-se inviável.

No mundo do trabalho, como lembra o próprio Mandelli, a confiança é formada basicamente por três pilares:

- **Resultados;**
- **Demonstração de preocupação; e**
- **Integridade.**

Seus resultados representam aquilo que desperta a atenção da alta administração para o profissional que você é. Quem dá conta das incumbências e é pontual transmite a imagem de comprometimento e competência. Alguém capaz de receber futuras e importantes missões.

Também se faz confiável aquele que está sempre presente e demonstra genuína preocupação quando algo dá errado. Está disposto a colaborar para a resolução dos problemas ou, no mínimo, chora as dores ao lado do superior, que lamenta certo infortúnio.

Em contrapartida, imagine o caso daquele líder tático que mal sabe o que acontece fora do seu departamento, foge dos projetos que não dão muita visibilidade e é conhecido por ser pouco colaborativo. Na hora que pintar uma oportunidade de ouro, dificilmente a diretoria pensará no nome dessa pessoa para tocar o empreendimento.

No entanto, apresentar resultados e demonstrar sincera preocupação com os problemas que afligem seus superiores não são atitudes suficientes para garantir credibilidade. É preciso ter integridade, isto é, um misto de ética, honestidade, consistência e responsabilidade. Hoje em dia, quem alcança números fantásticos e está sempre perto do alto escalão quando ele mais precisa, mas tem um caráter duvidoso, com certeza não inspira confiança.

Cuidando desses três pilares, pode ter certeza de que a sua credibilidade aumentará junto aos líderes estratégicos e eles mudarão o comportamento em relação a você com o passar do tempo. Passarão a lhe pedir ajuda, aceitar suas sugestões, admitir fraquezas e erros, esforçar-se por cumprir as expectativas que você tem e, principalmente, fornecerão o benefício da dúvida antes de chegarem a conclusões negativas sobre você ou algo que tenha feito.

3º passo) Obter autonomia

Assim como o sólido laço de confiança, um alto grau de autonomia para fazer acontecer geralmente não vem de graça e a galope com o cargo. Ele é o doce fruto de um trabalho bem feito no passado, a prova de que o líder tático já tomou algumas decisões anteriores alinhadas com aquilo que o alto *staff* acredita e conquistou credibilidade suficiente para julgar determinadas questões de acordo com as suas convicções. Ou seja, o nível de autonomia que você tem hoje possui relação direta com o resultado do seu trabalho executado até o dia de ontem.

É por isso que quem acaba de assumir uma posição de média gerência não pode exigir muito em termos de espaço discricionário de atuação e tampouco sentir-se desvalorizado por atuar dentro de rígidos limites. Essas fronteiras apenas revelam que a empresa ainda não acredita que o neolíder esteja preparado para suportar a carga de responsabilidade decorrente de um amplo espectro de poder.

De qualquer forma, até mesmo quem acaba de ser efetivado, ocupando uma posição formal de liderança tática, precisa alcançar, desde o princípio, o mínimo de autonomia para trabalhar ou correrá o risco de portar o título de chefe e, ao mesmo tempo, ter de se contentar em ser um assistente de luxo do seu diretor. Situação comum quando o superior direto tem perfil centralizador e o novo gestor não quer enfrentá-lo nem assumir encrencas que poderiam fragilizá-lo no curto prazo.

Também é preciso destacar que autonomia não é sinônimo de independência. Algumas pessoas acabam sendo vítimas da sua sede de poder quando dispensam as opiniões e a experiência de quem poderia ajudá-las a decidir melhor. Fazem tudo sozinhas, erram e depois dizem não ter tido sorte. Esquecem que praticar autonomia com responsabilidade requer a sensatez e a humildade de se aconselhar, de vez em quando, com profissionais mais experientes.

Outra questão-chave é sempre ter em mente que todo líder conquista autonomia no nível tático quando corre grandes riscos e é bem-sucedido nessas empreitadas. Quem evita ser arrojado e cumpre a sua rotina dentro da normalidade não é demitido de uma hora para a outra, mas também não encontra espaço para revelar seus talentos. Algo que pode ser resumido na seguinte frase: **se você não está disposto a se mostrar incompetente, então também não terá a oportunidade de provar quão talentoso é**.

A conquista de um maior espaço de autonomia, portanto, tem relação direta com o espírito de prontidão e a capacidade da pessoa para atuar proativamente. Só não se esqueça de que muitos profissionais começam inúmeras coisas e depois ignoram aquilo que é necessário para executá-las. Constroem uma imagem de que são eufóricos, impulsivos e pouco realizadores. E é claro, num belo dia, descobrem que não têm mais liberdade para fazer absolutamente nada.

Uma boa maneira de você mensurar o nível de autonomia que possui em seu papel tático é verificar quanto tem em mãos para gastar sem a necessidade de pedir bênção ao superior direto. Se não goza de liberdade para comprar uma mísera resma de papel, não se engane: sua força na empresa é próxima a zero. Quadro bem diferente de quem tem um *budget* para gastar seguindo os parâmetros corporativos e depois presta contas à direção.

Conversando com altos executivos de algumas empresas que ainda estão amadurecendo sua arquitetura organizacional, algumas vezes escutei: "Mas eu não compreendo por que os gerentes reclamam. Nós damos a eles tudo aquilo que nos pedem. Diga-me quando dissemos não? Para que um orçamento em cada área se eles têm de nós tudo aquilo que desejam?"

O que diversas companhias ignoram ou fingem não ver é que a média gerência acaba se fragilizando demais ao ter de negociar coisas grandes e outras minúsculas com o alto *staff*. Quando as regras internas ditam que é preciso passar a sacolinha para qualquer coisa ou ter de agir igual àquele filho adolescente que não recebe mesada do pai e se obriga a pedir dinheiro toda vez que sai de casa para tomar um lanche com a namorada, a repercussão do trabalho tático assim como a credibilidade de quem o realiza praticamente inexistem.

A gerência intermediária muitas vezes é ridicularizada nas empresas por valorizar demais a nomenclatura dos seus cargos e todos os outros símbolos de poder que transmitem prestígio e *status* social. Esquece que a liberdade de ação é o maior bem que um líder pode alcançar hoje em dia e sem ela é difícil sentir-se dono do negócio, alcançar resultados expressivos ou realmente fazer diferença na companhia; ainda que o cartão de visitas indique uma pomposa posição na hierarquia.

Compreendendo o *feedback* que vem de cima

A melhor forma de qualquer líder tático saber se está fazendo um bom trabalho, ou não, é por meio do tipo de *feedback* que recebe sobre o seu desempenho. O mercado oferece esse tipo de retorno quando o novo produto encalha ou se transforma em um sucesso em vendas, os subordinados o revelam por meio do seu alto ou baixo engajamento com o trabalho e os pares o demonstram sempre que você precisa do apoio deles em um trabalho qualquer. E temos também o *feedback* que vem de cima, aquele do superior direto, que na prática é o que mais impacta – para o bem ou para o mal – a performance da média gerência.

No entanto, costumeiramente escuto líderes táticos afirmarem: "Meu diretor não senta comigo para fornecer *feedback*. Gostaria que ele desse retorno acerca do meu trabalho para saber se estou indo bem ou não, mas ele costuma adiar esse tipo de conversa quando entro no assunto".

Bem, vamos esclarecer algumas coisas:

1. **Líderes estratégicos não costumam praticar o mesmo tipo de *feedback* que você foi orientado a fornecer para os seus subordinados.** Como boa parte deles têm um perfil pragmático e objetivo, vão retroalimentá-lo enquanto apreciam aquele projeto que você propôs ou afirmam que precisa melhorar os números em determinado setor. Portanto, é bem provável, portanto, que não sentarão com você periodicamente para conversar sobre cada *gap* existente ou avanço obtido.
2. **O comportamento do chefe revela tudo o que você precisa saber.** Se ele está de bom humor sempre que conversam, aproximaram-se bastante nos últimos dias, ou, se aprovou tudo o que você pediu nessas semanas, as coisas realmente estão caminhando bem. Contudo, se não retorna suas ligações, se tem sido ríspido e pouco fala, é porque há algo errado.
3. **Alguns gestores estratégicos não sabem dar *feedback*.** Conheço vários deles que ficam constrangidos quando têm de repreender ou elogiar o comportamento de alguém simplesmente porque não sabem como lidar com esse tipo de situação.
4. **Seu melhor *feedback* vem dos resultados.** Se você atinge as metas que foram pactuadas e tem ajudado seu ges-

tor a alcançar as dele, então é quase certo que seu trabalho esteja sendo visto como muito positivo. E vice-versa.

5. **Não espere confete.** É difícil encontrarmos gestores estratégicos que ficam elogiando o trabalho do nível tático a toda hora e por qualquer coisa, pois a dinâmica do alto *staff* não é essa.

Mais do que exigir *feedback* do superior direto no modelo que você pratica com seus próprios liderados, é importante aprender a identificar os sinais que ele utiliza para revelá-lo a você e buscar uma relação de proximidade cada vez maior. Quem ocupa um papel tático e mantém uma comunicação exageradamente formal com o chefe não vai longe.

Capítulo **9**

A capacitação de líderes táticos

Conforme já destaquei em capítulos anteriores, se antes bastavam líderes táticos que dessem conta dos problemas da sua área específica, as inúmeras mudanças ocorridas nas organizações durante os últimos anos passaram a exigir que assumissem novas responsabilidades e desafios cada vez maiores. O grave problema é que essas demandas adicionais requerem competências que as pessoas nem sempre tiveram a oportunidade de desenvolver ao longo de suas carreiras.

Diante dessa realidade irrefutável, as empresas têm duas alternativas: ou capacitam seus gestores internamente ou então recorrem ao mercado para comprar o passe de quem já demonstrou ser capaz de fazer, em outro lugar, algo parecido ou igual àquilo de que precisam.

Como trazer gente de fora nem sempre dá certo e ainda por cima é muito caro, a maior parte das empresas tem adotado a primeira alternativa, mesmo que algumas vezes a contragosto. Nesse caso, elas concebem e executam internamente programas de formação e desenvolvimento dos líderes táticos com base nas necessidades internas captadas.

Ou seja, criam fóruns para a discussão dos principais problemas que a empresa precisa resolver, alargam habilidades e competências gerenciais que consideram imprescindíveis para o amadurecimento da média gerência e aproveitam para solidificar os valores corporativos que norteiam a ideologia central e precisam ser disseminados por eles a todo mundo.

É por isso que, ano após ano, as companhias têm elevado seus investimentos na capacitação interna dos líderes táticos – tanto aqueles que ocupam os cargos atualmente quanto quem poderá assumi-los no futuro – com o apoio direto de consultorias externas e/ou parcerias com respeitadas instituições de ensino. Isso sem falar nas empresas que foram além e já consolidaram universidades corporativas em voo solo, como é o caso bem-sucedido do Grupo Algar.

Outras organizações têm optado por ofertar o pagamento parcial ou integral de bolsas de estudo para seus gestores a fim de que continuem a se capacitar. É claro que, nesse caso, as empresas contam com o retorno do investimento a médio ou longo prazo, pois, ao subsidiarem por cinco anos a formação superior de seus colaboradores, por exemplo, precisam saber que os frutos não amadurecerão rapidamente. Aliás, desenvolver e educar são duas palavras que não combinam com pressa.

E mais: mesmo capacitando os líderes táticos, as empresas não têm garantia alguma de que atingirão o céu. A qualquer tempo, um concorrente pode comprar o passe das pessoas que estavam sendo preparadas para futuras posições. Da mesma forma, não é incomum aquele profissional que acaba de concluir o MBA pago pela companhia apresentar problemas comportamentais que inviabilizem a sua promoção – e até mesmo a permanência nos quadros funcionais.

Por outro lado, como requerer que as pessoas que ocupam um papel tático tenham um desempenho superior se elas geralmente não sabem muito bem seu papel, desconhecem aonde podem chegar e não têm a mínima ideia do caminho que precisa ser trilhado? As organizações devem aprender a lidar com as incertezas comuns de quem desenvolve pessoas (algumas não responderão ao aprendizado conforme as expectativas, outras abandonarão o barco no meio da viagem...), pois qualquer iniciativa, mesmo aparentemente infrutífera no curto prazo, é muito melhor do que a certeza de permanecer com profissionais medíocres por não capacitá-los.

Esse raciocínio vem ao encontro de uma máxima que as empresas agora reconhecem: **uma companhia só se desenvolve a partir do momento em que os líderes táticos também ampliam a visão de mundo e as competências individuais que fazem parte do seu portfólio**. Ou seja, não existe desenvolvimento organizacional sem a capacitação permanente de quem manobra as principais mudanças corporativas.

É exatamente por isso que encontramos empresas com uma estratégia de negócios bem definida alcançando resultados medíocres. Elas até sabem aonde querem chegar, mas quem faz acontecer é inexperiente para dar conta das demandas estabelecidas. Enquanto não perceberem o real problema que enfrentam, continuarão gastando energia à toa.

1. Eixos de competência

Sempre que sou convidado a modelar um programa de capacitação para líderes táticos, procuro, primeiramente, compreender as expectativas que as pessoas têm em relação a esse papel. É nessa hora que muitas vezes constato que a companhia a ser atendida trabalha sob algumas premissas equivocadas como, por exemplo, exigir que a média gerência apresente um fantástico desempenho em competências críticas para o nível estratégico (capacidade de abstração ou construção de cenários complexos, para citar duas delas) ou a gestão operacional (caso das práticas de controle diário).

Antes de mapear as competências individuais específicas que sustentam o trabalho dos líderes táticos da sua empresa, é preciso ter em mente que qualquer iniciativa de longo prazo voltada à formação e desenvolvimento deles precisa atender, necessariamente, a quatro eixos de competências:

Gestão de pessoas. Diz respeito àquele tipo de capacidade que fará com que os líderes influenciem e impactem positivamente todos os indivíduos com os quais interagem. Assim, esse eixo não tem a ver somente com a gestão dos subordinados diretos, mas também com aquilo que o ajuda a manter um bom relacionamento e obter ascendência junto aos superiores, pares, clientes e fornecedores. Nesse sentido, é importante que seu programa aborde – em maior ou menor grau – temas como liderança, comunicação assertiva, administração de conflitos, negociação, atendimento ao cliente, alianças e parcerias, desenvolvimento de pessoas, trabalho em equipe etc.

Gestão de desempenho. Como o líder tático precisa fazer acontecer – "missão dada, missão cumprida" –, é importante que ele desenvolva competências que o ajudem a consolidar uma boa performance daquilo que faz no curto, médio e longo prazo. Capacidades que possibilitem a definição de objetivos, sua execução, acompanhamento e as correções que forem necessárias. Algumas das competências-alvo desse eixo navegam por assuntos relacionados à gestão do tempo, gerenciamento da rotina do dia a dia, planejamento e organização, gestão de processos, eliminação de desperdícios, ferramentas da qualidade, criação de KPI's (indicadores de gestão), avaliação de desempenho e gestão de mudanças, entre outros.

Negócio e estratégia. Esse eixo engloba o conhecimento relativo ao mercado no qual a empresa atua e as vantagens competitivas que ela desenvolveu para superar seus concorrentes diretos e indiretos. Busca, portanto, esclarecer aos líderes táticos como a firma ganha dinheiro, qual o caminho que ela planejou seguir, os cenários que visualiza para seu futuro e quais as motivações do alto *staff*. Para tanto, é recomendável capacitar essas lideranças a distinguir os tipos de estratégia, a analisar as principais mudanças que estão afetando o negócio como um todo, a compreender como se faz a gestão do portfólio de produtos e explicar por que ela não ingressa em determinados nichos. A boa notícia é que muitas dessas capacidades são obtidas quando os profissionais desenvolvem o hábito de participar de congressos, seminários e demais eventos do seu próprio setor de atuação.

Identidade corporativa. Grande parte do sucesso dos líderes táticos decorre da capacidade de compreenderem a cultura organizacional do local onde trabalham e a ela permanecerem alinhados. Por conseguinte, esse eixo lembra que é fundamental esclarecer aos líderes a ideologia da empresa, seus valores, modelo de gestão adotado e tudo mais que a torna única. Muitas vezes, profissionais de grande potencial cometem equívocos infantis simplesmente porque não conhecem a história referente à fundação da companhia, raramente conversam com os diretores, jamais escutaram uma palestra ministrada por quem está lá há algum tempo ou porque não foram instruídos acerca das "normas tácitas" que estão fora dos manuais, mas que todos precisam seguir se quiserem sobreviver nesse lugar.

Algumas vezes as pessoas me perguntam: "Por qual eixo devemos começar a desenvolver os gestores táticos da nossa empresa?" A minha resposta direta sempre é: "Depende".

Geralmente, os programas de capacitação da média gerência são iniciados com treinamentos do eixo Gestão de Pessoas; afinal, eles facilitam o entendimento do papel da liderança no plano tático assim como ajudam a melhorar os relacionamentos internos no curto prazo, mas esse pode não ser o problema mais crítico da sua empresa.

Em uma companhia que comecei a atender, pouco tempo atrás, iniciamos os trabalhos falando sobre cultura organizacional porque muitos dos gestores que lá atuam são jovens e estavam cometendo erros grotescos simplesmente por desconhecerem a identidade corporativa. Queriam implantar aquilo que deu certo em outras organizações sem levar em conta que agora estavam em uma empresa bastante peculiar e repleta de valores cultivados há décadas.

Em outra situação tivemos de iniciar pelo eixo Gestão de Desempenho, já que os controles eram imprecisos, ninguém do nível tático acompanhava relatórios gerenciais, o desempenho era mensurado subjetivamente e havia o entendimento de que tudo de bom que podia ser feito já estava sendo feito. O modo de dar um "choque de realidade" no grupo foi mostrar claramente como estavam jogando com a sorte nos últimos anos e indicar quais práticas deveriam adotar no curto prazo.

Também tive a oportunidade de participar de alguns projetos nos quais os líderes táticos realmente conheciam as empresas em que trabalhavam, sabiam lidar com as pessoas e suas áreas apresentavam um excelente desempenho. Qual o problema, então? Eles só lideravam das portas da empresa para dentro. Nas reuniões de levantamento das necessidades internas, ninguém mencionava como os clientes se encaixavam em tudo aquilo que faziam, e entender a estratégia da empresa não era algo que tinha importância para eles. Ou seja, estavam presos às fronteiras da sua companhia. É claro que, nesse caso, começamos abordando o eixo Negócios e Estratégia.

O fato é que, independentemente de você iniciar os trabalhos por um ou outro eixo, é recomendável desenvolver ações simultâneas que possam movimentar cada um deles. Além disso, vale a pena elaborar um mapa com todos os assuntos que serão abordados ao longo do tempo e classificá-los de acordo com o seu nível de especialização. O modelo a seguir é bastante didático:

Eixo GESTÃO DE PESSOAS	Eixo GESTÃO DE DESEMPENHO	Eixo NEGÓCIOS E ESTRATÉGIA	Eixo IDENTIDADE CORPORATIVA
Treinamentos de base			
Liderança eficaz *Pipeline* de liderança Comunicação assertiva Políticas, ferramentas e sistemas de RH	Gestão do tempo Plano tático-operacional Gerenciamento da rotina do dia a dia Ferramentas da qualidade	Visão sistêmica Competência organizacional Estratégia corporativa Tendências para o negócio "X"	História da empresa Cultura organizacional Princípios e valores compartilhados
Treinamentos de aperfeiçoamento			
Impacto e influência Gestão e mediação de conflitos Desenvolvimento de equipes	Gestão de mudanças Processo de tomada de decisão Gestão dos processos	Gestão de portfólio *Design Thinking* Estratégia do Oceano Azul	Cinema na empresa (filmes que abordam nossos valores)
Capacitação avançada			
MBA em Gestão de Pessoas Seminários e congressos nacionais	MBA em Gestão de Projetos MBA em Gestão Empresarial Seminários e congressos nacionais	Congresso nacional do setor Palestras temáticas	Palestras temáticas

Quadro 9 – Modelo de programa de formação de líderes táticos.
Fonte: Desenvolvido em uma empresa atendida pelo autor (2014)

2. Habilidades fundamentais à liderança tática

É comum as pessoas serem "premiadas" com uma posição tática por causa da capacidade técnica que acumularam ao longo de uma bem-sucedida carreira operacional. Todavia, dominar um ofício como ninguém é insuficiente para garantir o sucesso na média gerência ou, então, por que encontraríamos profissionais de *expertise* técnica indiscutível fracassando em cargos de gestão?

Como já vimos, quando se adquire uma posição de nível tático em uma empresa tradicional, é imprescindível ser muito habilidoso com as pessoas para cumprir o papel de articulação que cabe a todo gestor intermediário. O que ainda não destacamos é que esse tipo de posição também exige capacidades conceituais e operacionais, mesmo que em um nível de exigência menor, pois o conjunto equilibrado de habilidades é o que fundamenta o sucesso do líder, e não sua destreza em um único campo de competências.

A figura a seguir mostra exatamente essa relação:

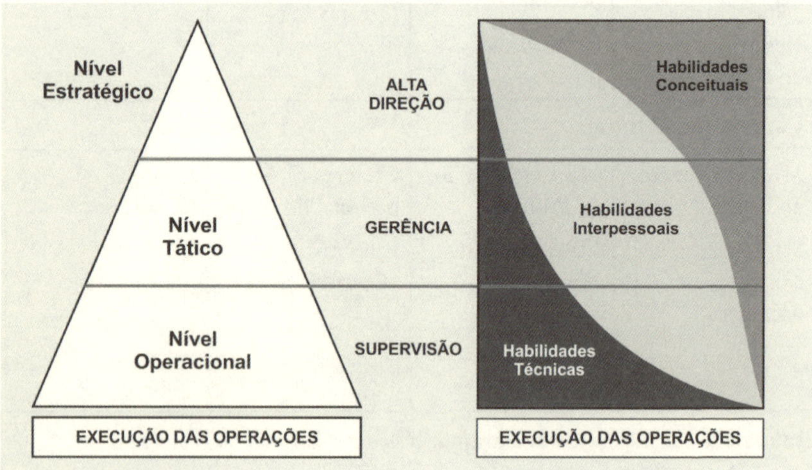

Figura 6 – Habilidades requeridas dos gestores organizacionais.

De quem desempenha um papel de gestão operacional exigem-se habilidades técnicas, especialmente; aqueles que ocupam uma posição tática devem apresentar habilidades interpessoais; enquanto a gestão estratégica é o lugar no qual as habilidades conceituais fazem a diferença.

No entanto, o que caracteriza cada uma dessas capacidades, como elas se diferenciam e o que fazer para desenvolvê-las?

Habilidades técnicas

São aquelas que dizem respeito aos conhecimentos específicos e ao domínio prático dos métodos de trabalho e equipamentos que o gestor utiliza durante a execução das atividades que estão sob a sua responsabilidade. Trata-se, portanto, do saber fazer, que envolve o desempenho de uma tarefa técnico-operacional.

Na prática, o supervisor de vendas, que conhece a fundo o portfólio de produtos por ele comercializados, sabe analisar uma curva ABC de clientes, elabora relatórios diários de desempenho da equipe e ministra treinamentos de vendas para quem acabou de ser contratado, prova que tem habilidades técnicas. Se esse profissional atende às expectativas da empresa, o assunto é outro. A questão, aqui, é que as suas habilidades técnicas estão comprovadas.

Todavia, quem não tem essa capacidade – ou ainda é considerado inapto – e pretende desenvolvê-la precisa cumprir dois estágios: 1) ingressar em um curso de nível técnico que forneça o conhecimento operacional desejado e 2) treinar muito dali em diante. Já está provado que o exercício rotineiro de um trabalho técnico torna alguém habilidoso, especialmente quando é orientado por alguém que já domina o ofício a ser aprendido. Se já estudou violão com um bom professor, você sabe do que estou falando.

No rol de habilidades técnicas exigidas dos líderes táticos, podemos citar:

- *Atualização de informações ou registros;*
- *Apresentações em público;*
- *Demonstração e venda de ideias, produtos ou políticas;*

- *Redação de artigos, memos, atas e relatórios;*
- *Comunicação escrita;*
- *Esboço de imagens, diagramas ou tabelas/ gráficos;*
- *Alocação de recursos;*
- *Operação de equipamentos, máquinas ou veículos;*
- *Inspeção ou exame de dados financeiros;*
- *Cálculos com dados matemáticos;*
- *Manutenção de arquivos e documentos;*
- *Conferência do trabalho de terceiros;*
- *Diagnóstico e resolução de problemas;*
- *Tradução da visão em ação.*

Habilidades interpessoais

São as competências que facilitam o relacionamento e a compreensão de indivíduos e grupos. Nesse sentido, elas têm a ver com a capacidade de se comunicar, motivar, coordenar, liderar e resolver conflitos que aparecem no trato com clientes, fornecedores, subordinados, pares ou superiores.

Muitas vezes presenciei casos em que líderes operacionais não foram promovidos a posições táticas exatamente devido à grande dificuldade em conter seus impulsos ou estabelecer empatia com outras pessoas. E quem atua na média gerência precisa, antes de tudo, saber que ninguém consegue ser um bom articulador quando tem por hábito plantar um novo inimigo a todo momento.

Os líderes táticos que se dedicam a ampliar habilidades interpessoais desenvolvem-nas ao conviverem com as outras pessoas. Aproveitam as inúmeras situações que ocorrem em suas rotinas para exercitarem o autocontrole, demonstram empatia com quem vê o mundo de forma diferente e fazem o ambiente brilhar assim que chegam.

Em posições táticas, as principais habilidades interpessoais são estas:

- *Liderança;*
- *Influência e impacto;*
- *Capacidade de inspirar as pessoas;*
- *Espírito de equipe;*
- *Escuta interessada;*
- *Empatia ao lidar com as pessoas;*
- *Construção de relacionamentos duradouros;*
- *Influência e persuasão de pessoas;*
- *Capacidade para lidar com reclamações de clientes;*
- *Criação de alianças internas e externas;*
- *Negociação e administração de conflitos.*

Habilidades conceituais

É bem provável que você tenha certo grau de admiração por aquele empreendedor da sua cidade que nem bem terminou o ensino fundamental e já foi capaz de construir um império no mundo dos negócios. Mas o que ele possui de tão especial se a formação acadêmica que acumulou ao longo da vida foi precária?

Primeiramente, evite tomar por base esse tipo de exemplo bem-sucedido quando quiser buscar inspiração ou minimizar a importância da educação formal. Pessoas com tal perfil são aquilo que chamo de "ninjas" ou "foras-da-curva". Se não frequentaram os bancos escolares, pode ter certeza de que eles compensam qualquer limitação acadêmica com sua veia empreendedora, a humildade necessária para aprender com os outros e uma grande dedicação ao trabalho.

Contudo, algo é comum a todas as pessoas que alcançam sucesso em papéis estratégicos: elas têm habilidades conceituais, isto é, aptidões humanas que possibilitam ver a organização como um todo, compreender o relacionamento entre as suas partes e formular ideias.

Os líderes táticos também precisam desenvolver essa capacidade, mesmo que em menor grau; afinal, uma coisa é fazer parte do nível estratégico e outra bem diferente é atuar estrategicamente. Muitas vezes, o líder tático se vê diante de problemas urgentes cuja solução precisa do direcionamento daqueles que estão acima, no entanto, essa ajuda é mínima e ele precisa decidir praticamente sozinho – e logo – para onde caminhar. É em momentos como esse que ter uma visão completa do quadro antes de escolher com segurança a melhor das opções disponíveis faz uma enorme diferença.

E como alcançar essa habilidade? O melhor caminho é buscar uma sólida formação de nível superior (pós-graduação *stricto sensu*, especialmente) e manter uma rígida rotina de leituras que o ajudem a ampliar a visão de mundo. Contudo, é indiscutível que, hoje em dia, muitos profissionais também trabalham suas capacidades conceituais – e suprem sua frágil formação acadêmica – quando se dedicam a atividades artísticas e culturais, conhecem de perto boas práticas de outras empresas, aplicam os conselhos do mentor que os orienta ou amadurecem com as próprias experiências que vêm acumulando em suas vidas.

Entre as principais habilidades conceituais relevantes no nível tático, podemos citar:

- *Capacidade de abstração;*
- *Visão global;*
- *Clareza quanto aos objetivos;*
- *Planejamento e análise estratégica;*
- *Percepção de tendências;*
- *Construção de cenários futuros;*

- *Criatividade para encontrar novas maneiras de fazer as coisas;*
- *Concepção de novas ideias ou soluções;*
- *Avaliação de riscos;*
- *Investigação de causas, eventos e/ou implicações de longo prazo;*
- *Levantamento, interpretação e análise de informações e dados complexos.*

Habilidades de gestão

Também é importante lembrarmos a existência de um quarto grupo de atributos que já provou ter seu valor na rotina de qualquer líder organizacional: as chamadas habilidades de gestão, competências genéricas relacionadas ao ato de cuidar de coisas e pessoas.

Por exemplo, independentemente de atuar em uma posição de liderança estratégica, tática ou operacional, você precisa aprender a selecionar e desenvolver pessoas e reconhecer, em uma entrevista de emprego, quem poderá ingressar em sua equipe e aquilo que terá de fazer para eliminar os *gaps* de desempenho que forem aparecendo ao longo do tempo.

É claro que a complexidade de contratar um gerente regional é muito maior do que garimpar um estagiário, mas essas duas atribuições mantêm princípios gerais que precisam ser seguidos por quem está à frente de uma pequena equipe de trabalho ou conduz um projeto de grande magnitude. Isto é, serão úteis ao longo da sua carreira de liderança, esteja onde você estiver.

Algumas das principais habilidades de gestão são estas:

- *Seleção, integração, desenvolvimento, promoção e engajamento de pessoas;*
- *Supervisão de pessoas e processos;*
- *Avaliação de desempenho e feedback;*
- *Delegação de tarefas e responsabilidades;*

- Coaching *e aconselhamento de pessoas;*
- *Definição e priorização das metas;*
- *Priorização de atividades;*
- *Coordenação de eventos ou atividades;*
- *Gestão de orçamentos;*
- *Gestão de projetos;*
- *Administração de tarefas a serem executadas;*
- *Capacidade de tomar boas decisões.*

3. Desenvolvimento requer compromisso total

Como já foi possível perceber, desenvolver pessoas-chave no nível tático exige compromisso de longo prazo por parte da empresa assim como dos indivíduos que estão sendo capacitados. E, mais do que tudo, é preciso ter em mente que quem ocupa uma posição de liderança tática deve conservar o espírito e a mente abertos para aprender, desaprender e reaprender dia após dia.

Sempre que os programas de capacitação voltados à média gerência são bem planejados e executados, a empresa torna-se mais competitiva, os líderes participantes amadurecem e os seus subordinados ainda passam a perceber o trabalho como mais significante. Ou seja, todos ganham.

O desenvolvimento gerencial, para muitas empresas, revela-se como a grande estratégia de sucesso. De que adianta a uma companhia construir um plano estratégico brilhante e inovador se não existirem pessoas com competência suficiente para executá-lo?

No próximo capítulo vamos discutir exatamente as diretrizes gerais que precisam ser seguidas por quem implanta um programa interno de formação de líderes táticos.

Capítulo **10**

Diretrizes para um programa interno de formação

Infelizmente, ainda hoje muitas empresas procuram promover a capacitação da sua liderança sem um modelo que oriente os esforços empreendidos. Elas até contam com iniciativas louváveis, porém falta-lhes uma visão de longo prazo que ultrapasse as fronteiras do evento que está ocorrendo no dia de hoje e conecte as inúmeras atividades sobrepostas.

Segundo Vargas e Abbad (2006), quanto ao formato, uma companhia pode adotar as seguintes intervenções junto à sua liderança tática: informação, instrução, treinamento, desenvolvimento e educação.

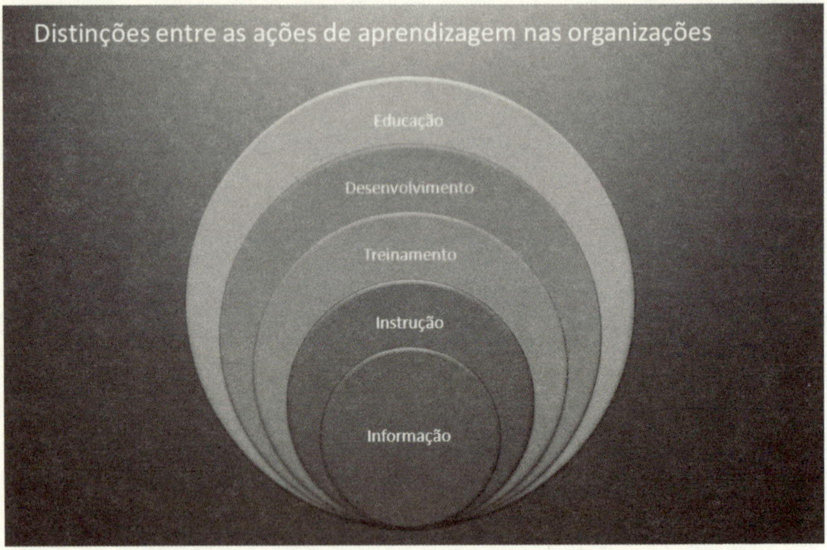

Figura 7 – Ações de indução de aprendizagem em organizações.
Fonte: Vargas e Abbad (2006, p. 140).

Informação é o modo de indução menos sistematizado e mais abrangente dentre os cinco possíveis; afinal, abarca tudo aquilo que é comunicado em reuniões internas ou divulgado em editais, cartazes e convites com o propósito de dar ciência sobre um assunto qualquer.

Instrução são as orientações gerais que a empresa fornece por meio de cartilhas e manuais ou rápidas palestras para que as pessoas procedam de determinada forma no trabalho. Trata-se, portanto, de uma técnica indicada para qualquer atividade de integração dos novos gestores táticos quando for necessário esclarecer como as pessoas deverão atuar em determinado processo de mudança, ou ainda, explicar qual o comportamento esperado da média gerência durante os diferentes módulos de formação agendados para os próximos meses.

Treinamento pode-se considerar toda intervenção que tem por objetivo o aprendizado de determinada tarefa que passará a ser executada pelo líder tático ou a melhoria de desempenho imediata e pontual em relação àquilo que já fazia parte do seu escopo de trabalho. É o caso de um curso de Gestão Orçamentária para os supervisores da empresa com vistas a ensiná-los a elaborar o orçamento da área até o próximo dia 30 ou, então, do evento que tem por propósito capacitá-los a conduzir entrevistas de emprego nos processos de seleção de pessoal.

Desenvolvimento, por sua vez, engloba as ações corporativas de média duração que buscam orientar a autogestão da carreira, promover habilidades de liderança e/ou incentivar a qualidade de vida no trabalho; ou ainda, as palestras cujos temas impulsionam mudanças comportamentais e ampliam a visão de mundo. Dessa forma, se estão previstos seis módulos de capacitação para a média gerência da sua empresa durante este ano, estes constituem-se em um programa de desenvolvimento e não apenas de treinamento.

Educação, por fim, tem a ver com os programas formais de média e longa duração que nem sempre guardam relação direta com as atribuições típicas do cargo desempenhado pela pessoa no tempo presente. Enquadram-se aí os cursos técnicos profissionalizantes, de graduação e pós-graduação (especialização, mestrado e doutorado) que o líder tático faz geralmente fora da empresa.

Muitas vezes, as pessoas me perguntam quais são as intervenções de aprendizagem mais relevantes para quem ocupa um papel tático. A resposta é: sem sombra de dúvidas, aquelas que se relacionam a *desenvolvimento* e *educação*, pois a consolidação de competências gerenciais requer uma aprendizagem mais densa e profunda. Realizar um curso de liderança com doze horas de duração no próximo final de semana poderá motivar seu time de líderes de forma que se tornem profissionais melhores, mas será uma medida insuficiente para que adotem uma nova postura duradoura e consolidem práticas de gestão mais eficazes. É preciso que, na sequência, outras ações ocorram.

Como elaborar um programa parte por parte

Bons programas de capacitação de líderes táticos envolvem o cumprimento de três importantes etapas:

1. Levantamento das necessidades específicas;
2. Elaboração e execução do projeto recomendado;
3. Avaliação dos resultados obtidos.

Vamos compreender cada uma delas e quais são as questões centrais que a sua empresa precisa levar em conta na hora de empreender esforços para o desenvolvimento da sua liderança.

1ª etapa) Levantamento das necessidades específicas

De acordo com Marras (2000, p.152), o levantamento das necessidades consiste na "pesquisa e análise para se detectar o conjunto de carências cognitivas e inexperiências relativas ao trabalho existentes entre o conjunto de conhecimentos, habilidades e atitudes do indivíduo, e as exigências do perfil do cargo".

Ou seja, trata-se do esforço de identificar realmente aquilo que precisa ser melhorado no aspecto tanto técnico quanto comportamental dos líderes táticos de uma empresa. O problema é que muitas vezes os *gaps* levantados não correspondem àquilo que realmente faz falta no cotidiano dessas pessoas; consequentemente, as iniciativas empreendidas não conferem, mais adiante, os resultados esperados.

Qualquer diagnóstico de necessidades de capacitação passa pelo entendimento do papel que deve ser desempenhado por quem ocupa posições táticas em sua empresa. Só assim é possível descobrir as lacunas de performance que precisam ser verdadeiramente sanadas e aquelas que podem esperar algum tempo até receberem o tratamento adequado.

Infelizmente, a prática adotada na maior parte das empresas é o conhecido exercício de perguntar para os próprios líderes táticos e seus superiores – e por meio de um formulário padrão – que tipo de treinamento eles "gostariam" de indicar para o ano seguinte sem que as principais entregas do cargo estejam claras. É aí que surgem algumas barbaridades que tanto descrédito trouxeram à área de T&D nos últimos anos.

Quando for analisar as solicitações de treinamento voltado à liderança tática, procure respostas às seguintes perguntas:

- *Quais os resultados esperados por quem recomendou o curso?*
- *O treinamento é a solução mais adequada?*
- *Esta demanda é específica de uma área ou pode ser estendida às demais?*
- *As solicitações atenderão às demandas individuais, de equipe ou corporativas?*
- *A demanda está conectada com as estratégias da organização?*
- *A solução está alinhada com as possibilidades orçamentárias e com a cultura corporativa?*
- *O treinamento é compatível com o cargo/função do solicitante?*
- *Existe alguém na organização apto a multiplicar este conhecimento? Caso a resposta seja negativa, existe alguém com potencial para multiplicar este treinamento que possa participar como convidado externo a fim de se preparar para ser instrutor interno no futuro?*

2ª etapa) Projeto e implementação

Com as necessidades de capacitação identificadas, o próximo passo é criar um projeto e implementá-lo. Planejar e executar todas as ações, de forma integrada e coesa, desde o lançamento até a última iniciativa prevista.

É nessa etapa, portanto, que se define tudo aquilo que fará o programa de T&D acontecer na empresa: quem será treinado, por qual meio, com a ajuda de quem, abordando quais assuntos, durante quanto tempo, a partir de quando, onde e investindo quanto.

Outra tarefa importante é descrever os objetivos específicos de aprendizagem que precisam ser atingidos e estabelecer os indicadores que balizarão a análise dos resultados alcançados. Muitas empresas não conseguem avaliar bem o retorno do seu investimento porque se esquecem de perguntar, logo no início: "Como saberemos que eles avançaram de verdade?"

O quadro a seguir fornece uma ideia a respeito das questões que precisam ser abordadas durante o planejamento:

QUESTIONAMENTO	TÓPICO	NA PRÁTICA...
Para que treinar?	Objetivos ou resultados esperados	Aonde vocês querem chegar e o que pode acontecer se os problemas atuais não forem resolvidos?
Quem deve ser treinado?	Público-alvo de treinandos	Todos os líderes táticos serão capacitados ou vocês só envolverão parte do grupo? As diferenças de formação acadêmica requerem alguns cuidados especiais ou o grupo é homogêneo?
Quem irá treinar?	Instrutor ou facilitador	Uma consultoria externa será contratada para conduzir o programa, haverá apenas instrutores internos ou o modelo misto é o mais indicado? Que tipo de experiência profissional e atributos comportamentais são desejados de quem facilitará as intervenções de aprendizagem?

QUESTIONAMENTO	TÓPICO	NA PRÁTICA...
Em que treinar?	Assunto ou conteúdo	Quais os temas a serem trabalhados e por quê? Dentre eles, é possível estabelecer uma hierarquia de prioridades?
Onde treinar?	Local de realização	Vale a pena desenvolver os eventos internamente ou em ambiente remoto? Como as pessoas se comportaram nos últimos treinamentos realizados na própria empresa?
Como treinar?	Métodos ou recursos	Qual metodologia aplicar com o grupo? Eles são sensíveis a um modelo tradicional ou vivencial? Quais atividades serão realizadas no intervalo de tempo entre cada um dos módulos? O grupo tem maturidade para ler alguns livros como reforço dos conceitos trabalhados em sala de aula?
Quando treinar?	Período e horário	É possível realizar os módulos de treinamento durante o dia ou apenas à noite? Como reagirão se algum dos encontros tiver de ser realizado no final de semana? Quanto tempo conseguem se ausentar do trabalho sem comprometer a produtividade de suas áreas?

QUESTIONAMENTO	TÓPICO	NA PRÁTICA...
Quanto treinar?	Volume, duração ou intensidade	Quantas horas cada módulo de capacitação terá, em média? Com qual periodicidade serão realizados os encontros e qual será o número de eventos durante o ano?

Quadro 10 – *Checklist* para um bom planejamento em T&D.
Fonte: Desenvolvido pelo próprio autor (2014).

Na sequência, com o plano estruturado, é hora de colocar em prática tudo aquilo que foi projetado. Um exemplo didático é o da companhia que optou por realizar seis módulos de treinamento em sala com o seu grupo de supervisores de produção, mas, antes de iniciar os trabalhos relativos a cada um dos temas escolhidos, programou visita do grupo a uma fábrica-modelo para dar um "choque de realidade" nesses líderes e, ao mesmo tempo, sensibilizá-los a mudar a conhecida postura de resistência às mudanças.

Com relação às habilidades específicas de liderança, foi contratado um consultor externo para acompanhar o grupo em sala durante os quatro primeiros encontros de oito horas programados para os três primeiros meses de trabalho, enquanto os dois módulos técnicos seguintes ficaram a cargo do gerente industrial e do gerente de qualidade.

Quanto ao local, optou-se por realizar os encontros em ambiente externo porque todos reconheceram que o grupo não conseguiria se "desligar dos problemas" se permanecesse na empresa durante o treinamento, e também era necessário conduzi-los para um ambiente que estimulasse maior integração entre as pessoas.

É importante saber, entretanto, que outras iniciativas também eram possíveis. No intervalo dos módulos, o grupo poderia ter recebido a incumbência de realizar um pequeno projeto, fazer a leitura de uma obra a ser discutida no encontro seguinte ou assistir a um filme. Muitas vezes, a desconexão dos programas não é provocada pela distância entre os encontros presenciais e sim pela falta de atividades que "amarrem" cada um dos temas trabalhados e, ao mesmo tempo, mantenham o processo de desenvolvimento na ordem do dia. Resumindo: os líderes táticos precisam falar a respeito do programa de formação no dia a dia, mesmo que o próximo módulo seja só daqui a oito semanas.

Chamo a atenção, ainda, para a importância de divulgar o cronograma e o tema de todos os módulos com antecedência. A média gerência, por exemplo, só percebe que existe um planejamento de verdade quando tem ideia daquilo que a empresa previu para o seu processo de desenvolvimento no curto, médio e longo prazo. Sem esse horizonte, é comum que as pessoas vejam os cursos apenas como eventos isolados.

Ao mesmo tempo, divulgar a programação antecipadamente não impede a correção de rumos, quando isso é necessário. Como o mundo dos negócios é mutável por natureza, é bem provável que alguns temas passem a ter relevância maior antes do período em que se imaginava trabalhá-los e outros percam importância. Nesses casos, o ideal é readequar o programa pensado inicialmente, divulgá-lo ao grupo e seguir em frente.

O que não pode ocorrer é a descontinuidade. Muitas empresas, até mesmo nos dias atuais, estreiam seus programas de capacitação da liderança tática com pompa e promessas, mas logo depois a iniciativa vai perdendo força, até "morrer de inanição". Você sabe que essa é a regra praticada em uma companhia quando alguém diz: "Mas será que realmente vai ter continuidade desta vez. Já começaram outros programas em diferentes momentos e eles sempre pararam de uma hora para a outra. Como podemos acreditar que agora será diferente?" Vale refletir a respeito, pois a incredulidade não traz engajamento e ainda cria uma rota de fuga para quem se sente incomodado com as mudanças propostas.

3ª etapa) Avaliação dos resultados

A última etapa, porém não menos importante, diz respeito ao processo de avaliação dos resultados obtidos. Algumas empresas executam seus programas de capacitação sem se preocupar em tornar os avanços tangíveis; consequentemente, não sabem analisar, de forma objetiva, aquilo que deu certo e o que ainda precisa ser melhorado.

Para Kirkpatrick (1993), qualquer avaliação criteriosa tem como ponto de partida a fase de planejamento das intervenções de aprendizagem escolhidas, pois é nesse momento que surge a pergunta: "Como saberemos, no futuro, se as pessoas realmente se desenvolveram durante este programa de capacitação e em qual medida?"

Por isso, ele indica a avaliação de um programa de liderança tática em quatro níveis: reação, aprendizagem, mudança comportamental e resultados. Analisando o quadro que segue é possível compreender cada um deles em detalhes:

Nível	Tipo de avaliação (o que é medido)	Avaliação, descrição e características	Exemplos de instrumentos de avaliação e métodos	Relevância e aplicabilidade
1	**Reação**	- Os participantes gostaram do evento? - Eles consideram a formação relevante? Acreditam que fizeram um bom uso do seu tempo? - Os participantes aprovaram o local, o estilo do consultor e o período de duração do treinamento? - Eles sentem que tiveram um bom nível de participação? - Qual foi o esforço que fizeram para efetivar a aprendizagem? - Como percebem o potencial de aplicação do aprendizado?	- Avaliação de reação. - Formas subjetivas de *feedback* baseadas em reação à experiência de formação. - Reação verbal que pode ser observada e analisada. - Questionários pós-formação (podendo ser *online*). - Relatórios escritos ou verbais fornecidos pelos gestores assim que os líderes táticos diretos retornam ao trabalho.	- Pode ser feita imediatamente ao término da formação. - Muito fácil de obter *feedback*. - O recolhimento e a análise das informações não custa caro. - É importante saber se as pessoas ficaram chateadas ou decepcionadas. - É importante que as pessoas forneçam uma impressão positiva da sua experiência para que outros queiram passar pela mesma intervenção de aprendizagem.
2	**Aprendizagem**	- Os participantes aprenderam aquilo que pretendíamos ensinar? - A experiência de aprendizado ocorreu como o planejado? - O grau de avanço ou mudança dos formandos após a capacitação aconteceu do modo pretendido?	- Elaborar pré-teste e pós-teste. - Entrevista ou observação também podem ser utilizadas antes e depois, embora demoradas e com o risco de serem inconsistentes. - Métodos de avaliação devem ser estreitamente relacionados com os objetivos da aprendizagem. - Medição e análise em grupo são possíveis e fáceis de serem realizadas. - Pontuações e medições confiáveis e claras devem ser criadas de modo a limitar o risco de inconsistência na avaliação. - É possível realizar avaliações *online*.	- Altamente relevante e clara para certas formações ou qualificações técnicas. - Os custos são ampliados caso os sistemas sejam mal concebidos, o que aumenta o trabalho necessário para medir e analisar.

Nível	Tipo de avaliação (o que é medido)	Avaliação, descrição e características	Exemplos de instrumentos de avaliação e métodos	Relevância e aplicabilidade
3	**Comportamento**	- Os participantes colocaram em prática o conteúdo aprendido assim que retornaram ao trabalho? - Onde as habilidades e os conhecimentos foram utilizados? - Houve mudança visível e mensurável na atividade e no desempenho dos formandos? - A mudança de comportamento e os novos níveis de conhecimento são sustentáveis? - O aprendiz agora é capaz de transferir o conteúdo para outra pessoa? - O participante está consciente da sua mudança de comportamento, conhecimento e nível de habilidade?	- Observação e entrevistas ao longo do tempo são necessárias para avaliar a mudança, sua relevância e sustentabilidade. - Avaliações instantâneas não são confiáveis porque as pessoas mudam de postura em momentos diferentes. - Avaliações têm de ser sutis e contínuas e, em seguida, transferidas para uma ferramenta de análise adequada. - Avaliações têm de ser concebidas para reduzir a subjetividade do observador ou entrevistador, uma variável que pode afetar a confiabilidade e consistência das medições. - Avaliações podem ser concebidas em torno de desempenhos relevantes, cenários e indicadores de desempenho-chave ou critérios específicos. - Avaliações *online* e eletrônicas são mais difíceis de incorporar. - Avaliações tendem a ser mais bem-sucedidas quando integradas nos protocolos atuais de gestão e *coaching*. - Autoavaliação pode ser útil, desde que utilize critérios e medições cuidadosamente concebidos.	- Medição de mudança de comportamento é menos fácil de quantificar e interpretar do que avaliação de reação ou de aprendizagem. - Sistemas de respostas simples e rápidas nem sempre são adequados. - A gestão e análise das avaliações contínuas são praticamente impossíveis de serem feitas sem um sistema bem concebido desde o início. - A avaliação da implementação e aplicação é extremamente importante – uma boa avaliação de reação vale pouco se nada muda na capacidade de gerar resultados na volta ao trabalho; portanto, nesse domínio, a avaliação é vital, embora desafiadora. - A avaliação de mudança de comportamento é possível desde que haja o apoio e a participação dos superiores diretos dos avaliados; por isso, é útil envolvê-los desde o início, identificando os benefícios para todos.

Nível	Tipo de avaliação (o que é medido)	Avaliação, descrição e características	Exemplos de instrumentos de avaliação e métodos	Relevância e aplicabilidade
4	**Resultados**	- As medidas são normalmente empresariais ou organizacionais e têm por base indicadores de desempenho, como: quantidades, valores, porcentagens, prazos, retorno do investimento, número de reclamações, rotatividade do pessoal, conflitos, falhas, desperdícios, não conformidade, qualidade, observação de normas e habilitações, manutenção etc.	- É possível que muitas dessas medidas já estejam em vigor graças aos sistemas de gestão e de comunicação normal. - O desafio é medir a influência dos participantes nas mudanças quantificáveis, isto é, identificar e acordar o nível de responsabilização e pertinência do participante no início da formação para que ele compreenda o que está sendo medido. - Este processo suplanta as práticas da boa gestão, ligando as necessidades de formação com as do negócio e a sua falta reduz, consideravelmente, a atribuição dos resultados à formação. - Para executivos seniores em particular, avaliações anuais e periódicas, de acordo com os principais objetivos empresariais, são determinantes para mensurar resultados comerciais derivados da formação.	- Individualmente, avaliar os resultados não é difícil, mas na organização como um todo isso se torna muito mais exigente devido à amplitude das variações de estruturas, responsabilidades e papéis, o que complica o processo de atribuição e responsabilização efetiva. - Fatores externos também afetam o desempenho organizacional e empresarial, dificultando a identificação dos avanços que foram obtidos graças à capacitação realizada e aqueles que são consequência direta do ambiente de mercado favorável ou desfavorável.

Quadro 11 – Os quatro níveis de avaliação de um treinamento
Fonte: Adaptado de *Evaluating Training Programs: The Four Levels*, de Donald Kirkpatrick (1993)

Aprendizagem informal

Quem veio ao mundo até o início da década de 1980 cresceu dentro de uma realidade na qual aprendizado era sinônimo de sala de aula ou leitura. Sempre acreditou que o acúmulo de certificados e o ato de devorar dezenas de livros por ano já eram medidas suficientes para garantir uma grande vantagem competitiva em relação aos demais seres humanos que não seguiam tais práticas.

Esse modelo também é reproduzido nas empresas até os dias atuais; afinal, quando alguém precisa aprender alguma coisa, logo vem à cabeça a ideia de promover um treinamento com a expectativa de que o saber transmitido aos colaboradores seja aplicado por eles em seu trabalho, logo na sequência.

Contudo, já sabemos que a aprendizagem formal precisa ser combinada com outras estratégias de aprendizagem se quisermos uma transformação significativa. Prova disso é o resultado das pesquisas conduzidas pelos professores Morgan McCall, Robert Eichinger e Michael Lombardo, do Center for Creative Leadership, sediado na Carolina do Norte (EUA), que gerou o modelo conhecido como **70/20/10**.

Os estudos mostraram que 70% do aprendizado vem dos desafios profissionais que a pessoa cumpre em sua própria rotina de trabalho. Das difíceis missões que possibilitam o desenvolvimento mediante experimentação, repetição e acúmulo de experiência, como ocorre naquelas situações em que você precisa gerir um projeto de mudança, lidar com responsabilidades crescentes ou ter de se virar para resolver um novo problema que acabou de surgir.

Os 20% dizem respeito ao aprendizado que se constrói interagindo com outras pessoas, aquilo que você apreende ao observar como um colega executa determinada tarefa ou quando se reúne com um parceiro para preparar o seminário que apresentarão aos demais profissionais do seu departamento. O tipo de aprendizagem social que qualquer um de nós pode consolidar participando de bons fóruns de discussão na internet, ou conversando com seu líder direto, por exemplo.

Já os 10% restantes dizem respeito à educação formal, incluindo-se aí os treinamentos em sala, os congressos de que você participa, as certificações técnicas que conquista a duras penas, as obras que lê, as sessões de *coaching*, a pós-graduação que acaba de cursar e o curso de *e-learning* que fará no mês seguinte. Tudo aquilo que recebe com certa estruturação e em um ambiente controlado.

É claro que o modelo 70/20/10 não é rígido e esses percentuais também podem ser um pouco diferentes dentro da sua realidade organizacional. Contudo, é inegável que ele valida o fato de que a aprendizagem dos líderes táticos não deve ser estimulada apenas por meios tradicionais de ensino e mostra que a aquisição de competências se dá, de forma mais significativa, no próprio local de trabalho.

Logo, o ambiente laboral deve ser convidativo à experimentação e à troca de ideias. As pessoas precisam sentir-se estimuladas a compartilhar com as demais aquilo que acabaram de aprender e também estar abertas a assimilar, com seus colegas, tudo que ainda ignoram. E só para lembrar, ignoramos cada vez mais.

Ao mesmo tempo, a experiência ensina-nos que, em uma empresa com escassez de profissionais especialistas, tecnologia ultrapassada, restrição no acesso às informações ou mentores relutantes em transferir conhecimento, pouco se aprende coletivamente. E o problema fica ainda pior se houver uma alta rotatividade de pessoal.

Esse modelo também mostra que a empresa na qual você trabalha precisa continuar promovendo treinamentos formais. Os 10% de aprendizado no modelo tradicional servem como catalisador das grandes mudanças internas e ajuda as pessoas a saírem do piloto automático. Um décimo do total até pode parecer pouco, mas é suficiente para cumprir o papel de orientar as pessoas acerca daquilo que elas devem aprender de verdade.

A "pirâmide da aprendizagem"

Essa filosofia de educação no próprio local de trabalho também encontra eco em estudos consistentes, como é o caso da "Pirâmide da Aprendizagem" desenvolvida pelo professor Edgar Dale em 1946, quando provou que os índices de retenção de um conteúdo diferem consideravelmente, dependendo da técnica de aprendizagem aplicada.

Segundo Dale (1999), os métodos passivos, como assistir a uma palestra ou dedicar-se a leituras ajudam a fixar, no máximo, 30% daquilo que foi transmitido. Já os métodos ativos, no qual se incluem as discussões em grupo, a prática daquilo que foi aprendido e o ato de ensinar o mesmo conteúdo a terceiros eleva a taxa de retenção para índices que variam de 50% a 90%.

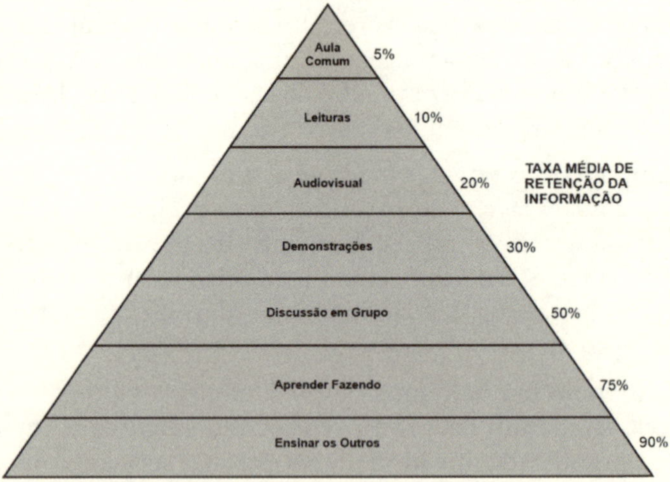

Figura 8 – Pirâmide da Aprendizagem
Fonte: Edgar Dale, produzida pelo NTL Institute for Applied Behavioral Sciences (1999).

Portanto, quanto mais dinâmica e participativa é a difusão do conteúdo em uma organização, maior é a probabilidade de as pessoas absorverem o conhecimento que a empresa valoriza. Vale a pena conferir com atenção o quadro a seguir, que relaciona as práticas típicas de cada método de transmissão do conteúdo:

Método de aprendizagem	Como fazer?	Percentual de retenção
Aula expositiva comum	■ Falar o conteúdo para os participantes ouvirem (palestra).	5%
Leituras	■ Propor a leitura de livros, artigos ou reportagens que tenham ligação com o tema proposto. ■ Propor uma reflexão sobre como o conteúdo da leitura pode ser usado para melhorar o resultado do trabalho deles (fazer o link entre a teoria e a prática).	10%
Audiovisual	■ Utilizar um programa de apresentação (Powerpoint, Keynote ou Prezi) durante o desenvolvimento da fala. ■ Apresentar conteúdo em texto ou figura, além de usar música e filmes para ilustrar. ■ Desenvolver gráficos, textos, depoimentos e filmes para apoiar o discurso falado.	20%
Demonstração	■ Mostrar como fazer determinada atividade. ■ Gerar o aprendizado por meio do exemplo prático.	30%

Método de aprendizagem	Como fazer?	Percentual de retenção
Discussão em grupo	▪ Promover o aprendizado por meio da interação entre os participantes. ▪ Propor desafios e solicitar que apresentem a resposta em grupo. ▪ Propor debates em grupo para encontrar a solução de um problema ou situação.	50%
Aprender fazendo	▪ Simular situações práticas para exercitar o que foi aprendido na teoria (*role play*). ▪ Colocar os participantes em situações extraídas da realidade (reclamações de clientes, por exemplo) para ver como cada um reage. ▪ Apresentar estudos de caso fictícios de forma que as pessoas tenham de propor um plano de ação para a empresa "X" a partir de um contexto descrito com riqueza de detalhes. ▪ Gerar reflexão sobre a situação e pontuar como é correto proceder (focar comportamento).	75%

Método de aprendizagem	Como fazer?	Percentual de retenção
Ensinar os outros	■ Pedir aos participantes que repliquem o aprendizado obtido no treinamento para terceiros que não estejam presentes. ■ Solicitar que os participantes relatem "melhores práticas" que realizam em suas áreas e que estejam interligadas ao tema do treinamento. ■ Verificar quais participantes já têm um conhecimento avançado no tema tratado e valorizá-los, pedindo que ajudem o facilitador com exemplos e depoimentos de situações bem-sucedidas vivenciadas por eles.	90%

Quadro 12 – Práticas baseadas no modelo da Pirâmide da Aprendizagem

Durante os últimos séculos, o modelo de aprendizagem formal esteve fundamentado em algumas técnicas que atualmente são consideradas pouco envolventes e a transmissão do conhecimento dependia basicamente da capacidade individual de quem o detinha e do grau de interesse dessa pessoa em compartilhá-lo.

Agora não existe mais a figura do portador-solo do conhecimento, pois aquilo que qualquer um de nós precisa aprender encontra-se acessível nas inúmeras plataformas de aprendizagem existentes; qualquer informação que hoje é considerada relevante pode perder seu valor num passe de mágica e os aprendizes também já não receiam revelar seu desinteresse quando o conteúdo não parece significativo.

No tocante às organizações, o desafio é exatamente fazer com que as pessoas assimilem cada vez mais rápido aquilo que precisa ser aprendido e compartilhem seu conhecimento com os demais colaboradores, executivos, fornecedores, clientes e parceiros de negócio. Para isso não há outra saída senão tornar cada hora de trabalho diário uma nova oportunidade de ensinar e aprender com os outros. Ainda mais se você ocupa uma posição de liderança tática.

Considerações finais

Após o ataque à base Pearl Harbor em 1941, o então presidente dos Estados Unidos, Franklin Roosevelt, declarou a entrada do país na Segunda Guerra Mundial e como o exército ianque precisava indicar lideranças para o campo de batalha com urgência, o general Courtney Hodges, assistente-comandante da escola de infantaria, apresentou um plano de contingência para a formação de oficiais ao seu superior, o general Omar Bradley.

A OCS – Officer Candidate Schools (Escola de Oficiais Candidatos) – propunha um programa de formação para civis que exerciam alguma posição de liderança na sociedade americana, como professores e empresários. O objetivo era torná-los oficiais do exército em apenas doze semanas para enviá-los logo ao campo de batalha.

A capacitação, que incluía treinamentos físicos e o aprendizado de táticas de guerra, foi tão bem-sucedida que os líderes formados por esse modelo ficaram conhecidos pela expressão *90-days wonder*, em tradução literal, "a maravilha dos noventa dias".

* * * *

Relatei o fato histórico acima para que você tenha ciência de que um esforço semelhante também precisa ocorrer em sua empresa se aqueles que a dirigem concordam que saber lidar com um mundo em constante mudança e agir com antecipação é aquele tipo de competência organizacional que ainda está muito distante da realidade de vocês.

"A maravilha dos noventa dias" foi decisiva para o sucesso norte-americano na Segunda Guerra Mundial porque criou, de forma rápida, uma "fábrica de líderes" que poderiam assumir funções táticas no curto prazo e permitiu que a estratégia de guerra arquitetada durante anos fosse executada com rapidez e sucesso.

A ideia de recrutar civis que já tinham atributos de liderança na sociedade e ensinar-lhes como utilizar essas competências nas batalhas é muito semelhante ao que as empresas fazem quando precisam contratar pessoas capacitadas. O que desperta a atenção é o fato de que eles realizaram isso no início da década de 1940, quando o conhecimento sobre a formação de líderes táticos ainda era incipiente.

Os americanos só foram bem-sucedidos com a iniciativa porque sabiam exatamente qual era o objetivo do programa e tinham experiência suficiente para fazer com que pessoas de alto potencial assimilassem, em apenas três meses de treinamento árduo, competências que a maior parte dos oficiais levava anos para amadurecer durante a carreira militar.

Precisamos fazer o mesmo nas empresas que brigam por espaço no mercado neste início de século XXI. Creio que as questões exploradas nesta obra realmente podem contribuir com a melhoria da sua performance e de todos os profissionais que são chamados a cumprir uma missão na empresa em que trabalham.

Aproveito este espaço final da obra para responder a alguns dos principais questionamentos que as pessoas me fazem durante os programas de formação e desenvolvimento de líderes táticos que tenho a oportunidade de conduzir ou participar:

1. **A minha empresa é refém de líderes que se consideram super-heróis e não demonstram interesse algum em formar sucessores. Preciso mudar essa situação, mas não sei por onde começar. Você pode me dar uma dica?**

   A maior parte das empresas tidas como fábricas de líderes aplicam a mesma receita: vinculam a remuneração variável e a promoção de carreira dos gestores de todos os níveis à capacitação de pelo menos dois substitutos diretos que possam ocupar a sua posição a qualquer momento. Quando o discurso que defende a formação de líderes é combinado com ações que impactam a compensação financeira e a avaliação de desempenho, os super-heróis geralmente mudam de postura. Sem isso, você só poderá contar com o bom senso das pessoas e, de vez em quando, ele desaparece.

2. **Qual o principal motivo do fracasso de líderes táticos nas organizações tradicionais?**

   O desconhecimento do exato papel que devem cumprir. Muitos gestores são alçados a uma posição tática sem ao menos compreender os grandes desafios que terão de enfrentar no novo cargo. Eles continuam a realizar o mesmo tipo de trabalho que faziam anteriormente acreditando que não precisam implantar grandes mudanças em sua rotina. É por isso que as empresas devem conceder uma atenção especial aos líderes que passam por importantes transições de carreira, como quem é promovido da gestão operacional (encarregado de setor, por exemplo) para um cargo de gestão tática (coordenação ou gerência).

3. **O que você recomenda para uma pessoa que deseja atuar taticamente, mas ainda se encontra preso às rotinas operacionais?**

   Primeiramente, procure conversar com alguém que já ocupa o papel tático com maestria para descobrir como ele distribui o tempo na rotina de trabalho e, especialmente, como lida com as situações emergenciais. Logo depois, reserve parte da sua agenda para cuidar daquilo que realmente caracteriza o papel tático: a conversa pessoal com os liderados diretos a fim de manter um canal aberto com todos eles e orientar quem precisa de apoio técnico, o acompanhamento do trabalho da equipe para saber se aquilo que pactuaram está sendo bem executado, o planejamento das tarefas e projetos que garantirão os resultados de médio e longo prazo e o tratamento das urgências que poderão criar pesadelos logo mais.

4. **O gerente geral não sai da operação com a desculpa de atuar taticamente. Como posso fazê-lo perceber que ele tem nos sufocado?**

   Esse problema ainda é bastante comum nas empresas porque os diretores e gerentes gerais nem sempre sabem exatamente qual é o papel deles ou temem que as coisas não aconteçam se não estiverem por perto. A grande dica é: escolha o momento e o local ideal para ter uma conversa aberta com o gestor e pontue as dificuldades que você vem enfrentando desde que ele se mudou para a operação. Na sequência, combine o que você fará dali em diante para mantê-lo informado de tudo o que está acontecendo na área e, principalmente, passe a reportar as decisões de alto impacto que você pretende tomar a fim de obter o apoio dele e evitar desgastes desnecessários. Agindo assim, com o passar do tempo ele vai confiar em você e o deixará trabalhar tranquilo.

5. **Qual o grande desafio de quem precisa liderar taticamente em uma empresa de gestão moderna?**

   Conquistar o apoio das pessoas que não se sentem obrigadas a seguir suas orientações. Como a estrutura organizacional de uma empresa do novo paradigma é enxuta e flexível, as pessoas não são ligadas formalmente a você e a transparência é um valor que todos procuram cultivar nas relações de trabalho. É muito fácil escutar um "não" quando aquilo que você propõe parece pouco atrativo. Se as pessoas não temem represálias e você não possui o poder formal para controlá-las, só há uma saída: encontre uma forma de conferir propósito e significado ao trabalho que elas deverão realizar ao seu lado. Sem isso, você não alcança o tipo de compromisso que precisa para fazer as coisas acontecerem.

6. **Por que as habilidades interpessoais são tão importantes para um líder que desempenha o papel tático?**

   Porque muitas vezes ele conduz projetos nos quais é preciso conquistar o apoio dos subordinados, pares, superiores, fornecedores e clientes, e articular os interesses de todas as partes envolvidas é uma tarefa que requer grande competência interpessoal. Quem não é muito habilidoso com pessoas, além de não cumprir o papel tático, ainda colhe inimigos na organização e fora dela. A competência técnica até pode levar alguém a uma posição de média gerência, por exemplo, mas as habilidades interpessoais é que fazem com que se consiga êxito na nova posição.

7. **O diretor geral da minha empresa não dá importância para o trabalho tático que eu realizo. O que posso fazer para que ele perceba o meu valor?**

   Esse tipo de problema geralmente é resolvido com uma boa conversa. Agende uma reunião com ele a fim de falar abertamente sobre o seu desempenho e aproveite a oportunidade para acordar quais as cinco atividades críticas do trabalho que você precisa realizar. Percebo que muitas vezes os líderes táticos acabam dedicando seu tempo a tarefas de pouca relevância aos olhos de seus superiores simplesmente porque não alinham as expectativas com o chefe. Lembre-se: esforço sem direção não gera grandes resultados.

8. **Qual é o grande conselho para quem pretende alçar voo para o nível estratégico?**

   Antes de qualquer coisa, tenha em mente que ninguém precisa ocupar um cargo de gestão estratégica para começar a atuar estrategicamente. Você nem mesmo precisa de qualquer posição formal de liderança para arquitetar os resultados de longo prazo, desde que o pensamento e a orientação estratégica façam parte da sua atuação. No entanto, se você pretende orientar sua carreira para posições de alto *staff*, é imprescindível desenvolver habilidades conceituais, como a capacidade de lidar com a incerteza e de construir cenários em ambientes turbulentos. Além disso, curse um bom MBA, torne-se fluente em duas outras línguas e obtenha uma experiência internacional, se possível.

9. **A minha empresa tem menos de dez líderes táticos e creio que não é possível desenvolver um programa de capacitação interno. O que devo fazer?**

Já tive a oportunidade de conduzir programas de formação baseados no modelo proposto nos capítulos 9 e 10 em empresas com mais de mil líderes e em outras cujo número não chegava a dez. Na verdade, o impacto de um trabalho dessa natureza em uma empresa menor é muito mais rápido porque qualquer mudança positiva já é sentida pela companhia como um todo. O mais importante é lembrar que qualquer programa de capacitação precisa seguir o princípio 70/20/10, pois o grande desafio, em um programa de formação, é fazer com que as pessoas aprendam, principalmente, enquanto trabalham.

10. **Sinto que meus pares invejam o trabalho que eu desenvolvo e tentam me boicotar. O que devo fazer?**

Inicialmente, procure compreender por que eles nutrem esse tipo de sentimento em relação a você. Os projetos que você tem proposto estão dando muito trabalho para seus pares e eles sentem que tem sido recompensado à custa do esforço deles? Ou você é o tipo de pessoa que quer ter razão em tudo e jamais abre mão das suas convicções? Ou, pior, costuma reivindicar a autoria dos projetos que conduz como se ninguém mais tivesse trabalhado neles? Sem diagnosticar o motivo da inveja, modificar alguns comportamentos que atrapalham a convivência com os pares e manter a calma até que os relacionamentos se reconstruam, é difícil esperar que as pessoas ajam de forma diferente com você. Em resumo: é importante estar disposto a praticar o "tamu junto" daqui em diante.

Referências bibliográficas

BOSSIDY, Larsry; CHARAN, Ram. *Execução: a disciplina para atingir resultados*. Rio de Janeiro: Elsevier, 2005.

CHARAN, Ram; DROTTER, Stephen; NOEL, James. *Pipeline de liderança: o desenvolvimento de líderes como diferencial competitivo*. São Paulo: Elsevier, 2009.

DALE, Edgar. *A Pirâmide da Aprendizagem*. USA: NTL Institute for Applied Behavioral Sciences, 1999.

FILHO, A. L. R. *A Influência da Gerência Intermediária na Performance Organizacional: Um Estudo Multisetorial em Empresas de Alta Performance do Rio Grande do Sul*. Dissertação de Mestrado – PUC-RS, Porto Alegre, 2007.

FIRE and forget? *The Economist*, p. 51, 20 Apr. 1996.

HERSEY, Paul; BLANCHARD, Kenneth H. *Life cycle theory of leadership*. Training and Development Journal, v. 23, n. 5 p. 26-34, May 1969.

HERSEY, Paul & BLANCHARD, Kenneth H. *Psicologia para administradores: a teoria e as técnicas da liderança situacional*. São Paulo: EPU, 1986.

KATZ, R. L. *Skills of an effective administrator*. Harvard Business Review, p. 33-42, Jan/Fev, 1955.

KIRKPATRICK, D. *Evaluating training programs: Four levels*. San Francisco: Berrett-Koehler, 1993.

LOMBARDO, Michael M; EICHINGER, Robert W. *The Career Architect Development Planner* (1st ed.). Minneapolis: Lominger, 1996.

MANDELLI, Pedro. *Muito além da hierarquia: revolucione sua performance como gestor de pessoas.* São Paulo: Gente, 2001.

MARRAS, Jean Pierre. *Administração de Recursos Humanos: do operacional ao estratégico.* 3ª ed. São Paulo: Futura, 2000.

MARKETPLACE, *National Public Radio*. Entrevista com Andrew S. Grove. 5 Feb. 1996.

MORGAN, G. *Imagens da organização*: edição executiva. 2. ed. São Paulo: Atlas, 2002.

NEWELL, H.; DOPSON, S. *Muddle in the middle: organizational restructuring and middle management careers.* Personnel Review, Farnborough,v. 25, iss. 4, p. 4-20, 1996.

TALEB, N. N. *A Lógica do Cisne Negro.* São Paulo, Editora Best Seller, 2008.

TOMEI, Patricia. *A inveja nas organizações.* São Paulo: Makron Books, 1994.

ULRICH, Dave *et al. RH de dentro para fora: seis competências para o futuro da área de recursos humanos.* Porto Alegre: Bookman, 2013.

ULRICH, Dave; SMALLWOOD, Norm. *A marca da liderança.* Rio de Janeiro: Best Business, 2009.

USEEM, Michael. *Liderando para o alto: como conduzir seu chefe em benefício de todos.* São Paulo: Negócio Editora, 2002.

VARGAS, M.R.M.; ABBAD, G.S. *Bases conceituais em treinamento, desenvolvimento e educação* – TD&E. In: BORGES-ANDRADE, J.E.;ABBAD, G.S.;MOURÃO, L. Treinamento, Desenvolvimento e Educação em Organizações e Trabalho. Porto Alegre: Artmed, 2006. Cap. 7, p. 137-158.

VENTURA, Z. *Inveja – O Mal Secreto.* Rio de Janeiro, Editora Objetiva, 1998.

Caput® consultoria

A Caput Consultoria chega aos seus quinze anos com muito a comemorar! Isso tudo só é possível porque adoramos o que fazemos, temos compromisso com o sucesso dos nossos clientes e combinamos uma sólida base acadêmica com o que "acontece de verdade" no mercado. **Nosso negócio é ajudar o seu negócio!**

15 ANOS

ÁREAS DE ATUAÇÃO

Liderança

- Formação de Lideranças
- Desenvolvimento Gerencial
- Desenvolvimento de Executivos

Gestão

- Estratégia
- Gestão da Mudança
- Gerenciamento da Rotina

TIPOS DE SERVIÇOS

Cursos in company
Customizados para atender as necessidades da sua companhia, temos treinamentos nas áreas de Liderança e Desenvolvimento Gerencial, Estratégia, Gestão da Mudança, Vendas e Negociação, Gestão do Tempo, Atendimento a Clientes, Trabalho em Equipe e Comunicação.

Consultoria
Temos soluções de consultoria e assessoria em Planejamento Estratégico, Gerenciamento da Rotina, Gestão de Processos de Mudança, Gestão por Competências e Mapeamento de Processos.

Palestras
Nossos consultores podem valorizar seu evento com palestras que abordam o que há de mais relevante e atual em Liderança, Estratégia Empresarial, Motivação, Vendas, Comunicação, Gestão de Carreira e Marketing Pessoal.

Programas de liderança
As empresas que almejam crescimento consistente e contínuo devem ser verdadeiras fábricas de líderes. Conheça nossos programas de Formação de Líderes Operacionais, Desenvolvimento Gerencial e Desenvolvimento de Executivos.

Treinamentos vivenciais
Se você precisa de um evento que provoque impacto e forneça resultados de curto prazo a metodologia vivencial é perfeita. Seus colaboradores, representantes de vendas ou franqueados realizarão atividades desafiadoras ao ar livre que têm tudo a ver com as mudanças de comportamento que eles precisam adotar no dia a dia.

www.caputconsultoria.com.br (43) 3029-5000

Entre em sintonia com o mundo

QUALITYPHONE:

0800-0263311

Ligação gratuita

Qualitymark Editora

Rua Teixeira Júnior, 441 - São Cristóvão
20921-405 - Rio de Janeiro - RJ
Tel.: (21) 3295-9800
Fax: (21) 3295-9824
www.qualitymark.com.br
E-mail: quality@qualitymark.com.br

Dados Técnicos:

• Formato:	14 x 21 cm
• Mancha:	11 x 18 cm
• Fonte:	Bookman Old Style
• Corpo:	11
• Entrelinha:	13
• Total de Páginas:	152
• 1ª Edição:	2015
• Impressão:	GrupoSmartPrinter